税法読書術

木山泰嗣 著

一般財団法人 大蔵財務協会

まえがき

税法とは、税金について定めた法律のことです。その税法と読書の関係をエッセイとして綴ってみたのが本書です。

ですから、少し変わったテーマの本になるかもしれません。

ただ、エッセイなので、気軽に読んでいただけるのではないかと思っています。

税法というのは、堅苦しいイメージがあると思いませんか？

そうです。ですよね？

眉間にしわを寄せて熟読していかないと、そして細かな文言の違いも注意深く気にしながら集中して読まないと、条文も、判例も、毎年の税制改正も、あるいはその理論も、簡単には理解することができないでしょう、とあなたは思われているのではないでしょうか。

実際にそういう側面があるので、「税法」という難しい学問と、気軽に楽しく趣味としてリラックスした時間を過ごすことができるはずの「読書」とを結びつけるのは、いかがなものかと思われた方もいるかもしれません。

税法とは、法律です。そのため、両者の関係は「法律と読書の関係」といってもよいと思いますし、「法学と読書の関係」といってもよいと思います。

そのような関係なんて、あまり考えたことがないなあ、と思われたかもしれません。あるいは、そんな関係を考えたところで何も得られないのではないか、と思われた方もいるかもしれません。

さて、その答えは、あるかもしれませんし、ないかもしれません。あるいは、人それぞれの答えが出てくるかもしれません。

学術書でも論文集でもありませんので、そのあたりはあまり硬く考えずに、税法にかかわっていくために、どんなふうにさまざまなものを読んでいけばよいのかを気軽に考える本だと思っていただければ幸いです。

読者の方は、税務の専門家である税理士の先生かもしれませんし、税務に関心のある弁護士の先生かもしれません。税法の研究をされている方かもしれませんし、税にかかわる公務員の方かもしれません。

あるいは、そんな専門家になろうと思われている学生さんかもしれませんし、専門家になろうとは別に思っていないけれども、大学などの授業やゼミなどで税法を学ぶ機会があるため、この本のタイトルに興味をもたれた方かもしれません。

法学、会計学、商学、経済学、経営学などを学んでいる学生の方で、少し税法に興味のある方かもしれません。

この本は、基本的には、エッセイの形式を採っています。体系的に税法の読み方を学ぶ技術が得られるかというと、決してそうではありません。

気軽に、肩ひじ張らずに、リラックスしてお読みいただき、「へえ、なるほどねえ」「そんな考え方もあるのかあ」というくらいの気持ちになってもらえれば、という本です。

難しいことばかりの税法に、そんな本があってもよいのではないかと思ってつくってみたものだと思って下さい。

わたしは、弁護士時代には、税務訴訟の代理人をたくさんやっていました。また、いまでは、大学で税法を教えたり研究したりしています。

そのため、弁護士としてのエピソードや考え方も織り交ぜていきますし、いまの日常のなかで思うこと考えることにも触れていきます。

そういう意味では、一般の本に比べると、やはり堅苦しさがあるかもしれません。

わたしからのメッセージは、シンプルです。

税法のようなものにかかわっていくためには、対象が基本的には文章ですから、〈文をどう読むか＝つまり広い意味での読書の方法〉が、じつは重要なのではないか——この点を少し考えてみよう、ということです。

まえがき

まえがきは、このあたりにします。本屋さんでいま立ち読みされている方も、ぜひ購入してじっくり読んでいただけたら、何かヒントが得られるかもしれませんよ。

なお、こんなふうに「ですます調」で綴っていますが、本文に入ると「である調」になりますので、驚かれないようにお願いします。本文の「である調」の雰囲気とバランスをとるため、あえてこのまえがきの方は「ですます調」で書いてみたのです。

わたしは、なにごともバランスが大事だと思っているので、「変ではないか？」などと言わずに、どうかお付き合いいただければ嬉しいです。

木《き》山《やま》泰《ひろ》嗣《つぐ》

○目次○

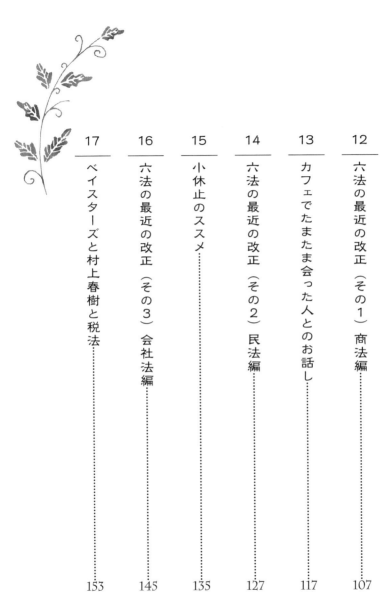

1

改訂版を購入する

ファン歴が35年以上のひいき球団をもつわたしの毎春の楽しみは、その年の順位予想やプロ野球の開幕だけではない。

金子租税法の改訂版を入手すること、これもわくわくする楽しみの1つである。金子租税法とは、金子宏（東京大学名誉教授）による『租税法』（弘文堂）のことである。この法律学講座双書シリーズは金子租税法に限らず、鮮やかなグリーンで統一されている。税法関係者にとって、この緑色の本はイコール金子租税法となっているであろう。

しかし実際には、労働法関係者にとっては菅野労働法（菅野和夫『労働法』（弘文堂））があり、会社法関係者にとっては神田会社法（神田秀樹『会社法』（弘文堂））がある。つまり法律全般を扱う弁護士にとって、この緑色に特別な意味はないはずである。しかし、税法にどっぷりつかる関係者にとっては、この緑色は金子租税法に直結していると思われる。

金子租税法の特色は、とにかく分厚いことである。シリーズの他の法分野の緑色の本をみると分野によりまちまちではあるが、極端な例としては、例えば、神田会社法は、かなりコンパクトにまとめられている（手元にある２０１８年に刊行された第20版をみると、４３１頁である）。

これに対し、金子租税法はというと、最新の第23版（2019年2月刊行）が1000頁を超えている。税法のバイブルである同書は、税法の辞書のような存在でもある。国税も地方税も手続も何もかもを含む「租税法」（税法と同義）というジャンルについて、総花的にまとめられた日本の租税法の金字塔のような体系書は、近年はほぼ毎春改訂版が出ている。そして、その都度、最新の税制改正はもちろん、判例も論文もリニューアルされている。

税法関係者がこの本を楽しみに読むのは、こうした最新の情報が更新されることだけではないと思う。著者の金子宏先生は、税法の学説をいまでもリードされている。裁判官も実務家も必ず目を通し参照することになる金子租税法には、じつは細かな修正が加えられている。改訂されたときにざっと目を通し、この点を確認する専門家も少なくないと思う。

例えば最近の有名な修正としては、租税回避の定義の変更がある。第21版までの定義を金子先生は、第22版で変更された。この点は、租税回避が税法上定められた概念ではなく、学説において議論されてきたものであるため、法改正による影響ではないが、判例の集積や学説上の議論の発展があったといわれている。

具体的には、次のように変更されている。まず、変更前の第21版（2016年）を

みると、

「このような私法上の選択可能性を利用し、私的経済取引プロパーの見地から合理的理由がないのに、通常用いられない法形式を選択することによって、結果的には意図した経済的目的ないし経済的成果を実現しながら、通常用いられる法形式に対応する課税要件の充足を免れ、もって税負担を減少させあるいは排除することを、租税回避（tax avoidance、〔略〕）という。」（１２５頁）

と記載されている。続いて、変更後の第22版（２０１７年）をみると、

「租税回避（tax avoidance、〔略〕）とは、このような、私法上の形成可能性を異常または変則的な（『不自然』という言葉は、主観的判断の幅が広く、不明確度が大きいため、避けておきたい）態様で利用すること（濫用）によって、税負担の軽減または排除を図る行為のことである。」（１２６～１２７頁）

と改められている。

文章の主語述語の順番が変わっただけではなく、定義内容に変更が加えられている。具体的にみてみよう。脱税との違いを改めて説明する箇所をみると、第21版では「租税回避は、課税要件の充足そのものを回避する行為である。」（126頁）と記載されているのに対し、第22版では「租税回避は、課税要件の充足そのものを回避し、または減免規定の適用要件を充足させる行為である。〔右線は筆者〕」（127頁）と、明確に定義が改められている（右線部分が追加されている）。さらに、第22版では、引用は省略するが、上記2つの説明の間に「租税回避には、2つの類型がある」ことの説明も加えられている（127頁）。

端的にいえば、課税要件の充足を免れる行為だけでなく、課税減免規定の要件を充足させるための行為も租税回避の類型（定義）に加えられたということである（これは、詳細は省略するが、外国税額控除事件などの租税回避が出現したことを受けて、またヤフー事件を契機として租税回避の議論が活発化したことを踏まえたものと思われる）。

このように定義そのものが変更される例は珍しいが、記述が充実化する改訂は多いし、次のようにやはり見解が修正される改訂もある。理由附記の解説をみると、第21版（2016年）では、次のように書かれていた。

「更正の理由とは、①更正の原因となる事実、②それへの法の適用、および、③結論の3つを含む趣旨であると解されるが、②に関連して生ずる法の解釈の問題や収入・支出の法的根拠ないし法的判断の問題については、結論のみを示せば足り、結論に達した理由ないし根拠を示す必要はないと解すべきであろう。」（849頁）

これが、第22版（2017年）からは、次のように改められている

「ここに更正の理由とは、①更正の原因となる事実、②それへの法の適用、および、③結論の3つを含む趣旨であると解されるが、②に関連して生ずる法の解釈の問題や収入・支出の法的評価ないし法的判断の問題については、結論のみでなく、結論に到達した理由ないし根拠を納税者に理解しうる程度に示す必要があると解すべきであろう〔右線は筆者〕」（890頁）

ここでは、右線部分について、理由附記を不要としていた見解を、必要とする見解に変更しているのだが、上記引用のあとにはカッコ書きがあり、次のように見解を変

更した理由も説明されている。

「(この点については、平成23年の国税通則法の改正によって、租税法上の不利益処分についても一般的に理由の付記が要求されることになったにもかかわらず、青色申告に対する更正の理由付記の規定がそのまま残っていることを重くみて、また脚注3)に引用の大阪高判平成25年1月18日に示されている考え方を参照しつつ、この第22版でこのように説を修正することとした)〔傍点は筆者〕」(890頁)

金子租税法を読む楽しみは、改訂のたびにこうした見解等の変更や修正が加えられることにあるが、ほかにもある。1つは、最新の判例についてどれくらいのボリュームで取り上げられているかをみることである。もう1つは、金子先生が判例に反対することもあり、独自の見解を述べられることもあるため、こうした判例に対するコメントをチェックすることである。改訂前には掲載のなかった判例への言及をみるのは、特に楽しみになる。

引用論文も増えていく。かつては弁護士として税務訴訟に携わってきたわたしは、2015年以前には研究論文をほとんど書いていなかったが、同年4月から税法の研究者として大学で教鞭をとることになった。判例評釈も含めて研究論文を多数執筆するようになった。それが最新の金子租税法で引用されているかどうかも、改訂版を入手すると確認することができる。

このような楽しみがある金子租税法の改訂であるが、２００５年から毎春の改訂が13年連続であったところ、第23版は２０１８年春には刊行されず、約１年後の２０１９年２月に刊行された。

税法の本で改訂がここまで頻繁に必要なのは、毎年の税制改正があることが大きいと思う。しかし、著名な体系書であっても、毎年改訂がされるほどのロングセラーになるものは稀有である。会計書には、桜井久勝『財務会計講義』（中央経済社）があり、１９９４年の初版刊行から、わずか25年で第20版まで刊行されている（２０１９年３月現在）。

税法には金子租税法以外にも、著名な体系書は多くあるが（具体的な書名は本書でこれから折に触れて登場させるので、ここでは割愛する）、毎年改訂されているものはなかなかない（毎年改訂されているのは、三木義一編著『よくわかる税法入門』（有斐閣）くらいではないだろうか）。

わたしが法学を学びはじめた１９９０年代には、法学には、そもそもいまほどの体系書の数はなかったし、改訂などそう簡単にはなかった。税法に限らず改訂がさかんになった原因は、頻繁な法改正であろう。１００年以上にわたり基本的枠組みを崩さずにいた民法も、最近は改正のオンパレードである。そのため本の改訂版も必要になる。

専門家になると、改訂版の購入は必須であるだけでなく、楽しみにもなってくるものだが、法を学び始めてまもない学生（法学部生、法科大学院生、税理士試験を目指す大学院生など）は、購入すべきかためらうのではないだろうか。

法律書の1冊の値段は数千円と学生にとっては高額である。改訂であれば改訂前のもので十分と思いたくなる心境も理解できる。わたしも司法試験の受験時代に改訂版が出たときには、手持ちの少ない小遣いのなかから捻出して購入することをためらった。

しかし、司法試験に3度落ちたときに、合格した友人から受けたアドバイスは「司法試験に合格するためには経済力も必要。改訂版も躊躇なく購入すべき」であった。ネットの情報もまだそれほど活発ではなかった時代だから、本による改訂はなおさら重要であったのだが、改訂版は体系書のなかで改正情報や最新情報をもりこむものなので、改正情報を容易にネットで入手できる現代でも、改訂版の重要性はじつは変わらない。

お金がなかったわたしがすがったのは、同居していた祖母であった。4回目の受験に向けて、合格した友人からのアドバイスを実践するためには本を買うお金が必要だった。3回目の受験に失敗して自宅で泣き崩れたわたしをみかねて、「何でも協力するよ。何が必要だ？」と声をかけてくれた祖母に、「勉強するにはお金が必要だ」と答えると、「おまえの結婚費用にとおばあちゃんが貯めてきたお金がある。必要な本があるときはいつでも言いなさい」と言ってくれた。

4回目の受験に向けた（司法試験に合格するまでの最後の）1年間は、必要な本は全て購入した。祖母からは毎月、書籍購入用に一定金額をもらい、購入した書籍名と金額を記載したメモを毎月渡した。確かに改訂版も含めて、自分の手元に法律書を置いてみると、知識の量が増え、思考の幅も格段に広がった。そして、翌年合格を果たすことができた。

学生が本を購入する費用にためらうことは、自分の体験に照らしてもよくわかる。しかし、専門家であるにもかかわらず、本や改訂版の購入をしていないことがあるとすれば、それは経済的事情とはいえないだろう。法律が生き物であることを忘れていないか、いまいちど胸に手を当て考えてみた方がよいかもしれない。

金子租税法の改訂版を楽しみに購入できるいまのわたしは、お金のなかった受験時代を思い出すと、とても恵まれていると思う。

専門家は、地位も含めて、恵まれた環境にある。それを社会に還元するためにも、改訂版は発売されたらすぐに購入した方がよいと思う。

なお、体系書の改訂版の有用性を補足しておく。税法のように改正の多い分野でとくに妥当するのであるが、改正前の制度や、改正前の要件や、廃止された制度などの説明をみる必要がある場合には、過去の版が重要になる。

例えば、税務調査である法人の5事業年度について更正処分がされようとしている場合、あるいはすでになされた更正処分を争う場合には、手元にある最新版には記述されていない当時の制度や要件の解説をみなければならないこともある。

これは、税法条文をみるときにもあてはまることであるが、その事業年度（あるいは年分等）に適用される当時の法令を紐解く必要が常にあるのが税法である。これらの条文のアクセス方法は図書館で当時の六法を探す方法もあるし、各種データベースを利用する方法もあるが、これらは実務家などの税法関係者にとっては、欠くことのできない日常的な作業になる。

改正が多い税法のおかげで、これにかかわる者は常に、いつの税法が適用されるかを考えなければならないし、改訂版の購入は、むしろ楽しみにさえなるのである。

2

プロ野球と仕事と人生論

プロ野球の監督として数々の実績を残した名将として知られる野村克也さんは、多数の書物を出している。監督を離れたいまでも、シーズンの試合を斬ったコメントには含蓄があるから、わたしなどはテレビのニュースのリアルタイムでは観ることができなかったものでも、YouTubeなどで拝聴することも多いのだが、その日の采配にもやもやしたものがあるときなど、じつにすっきりとする。野球は素人だが、35年以上観続けていると、「こういう試合展開のときは逆転されることがあるから、攻撃を緩めるべきではなかったよな」「この場面で好投している先発投手を変えてはいけないよな」といった考えが自然と染みついているのだが、それに反して敗戦したひいき球団の試合があったときなどに、同氏のコメントが腑に落ちる。

野村克也さんは名将であったことはもちろんだが、人を納得させる言葉を持っているし、その前提としての深い洞察がある。最近読んだ『野村四録　不惑の書』（セブン&アイ出版、２０１８年）には、次のような告白があり、なるほどと思った。

「　わたしという人間を変えた最大の要因は、本を読むようになったことである。（略）本を読むということは、単に知識が増えるというだけの意味ではない。わたしの場合、本で読んだことを基準にして、ものごとを考えることができるようになった。」

このように述べる同氏は、プロ野球の現役を離れたあとの9年間に及ぶ野球評論家時代に、自身の野球理論を整理する努力をするとともに、大量に本を読んだという。「野球とは」「配球とは」「勝負とは」「育成とは」「捕手とは」というように、外から野球をみて、それらに対する自分の考え方を導き出し、理論として確立していった。ということが書かれているのだが、こうして野村氏は「仕事と人生が不即不離の関係である」ことを確信し、同時に「人生論が確立されない限りいい仕事ができない」という結論に至ったという。

こうして得た言葉が、名将と呼ばれた監督時代に人を動かす原動力になったとのことなのだが、この本を読んでなるほどと思ったことが2つある。

ひとつは、わたしの身近にもこのような「仕事と人生の不即不離の関係」を軸としながら、仕事と人生論の関係を日々綴っている方がいることである。わたしはその方から弁護士としての仕事だけでなく、その基盤となる哲学を学んだひとりである。その方というのは、税法の弁護士として第一人者的地位を確立してきた鳥飼重和弁護士である。

鳥飼弁護士は、日々、法律実務家として大事務所の経営及び実務にあたりながらも、Facebookやメルマガなどを通じて「人生論」を語り続けている（以前は、「鳥飼日記」というブログで人生論を日々綴られていた）。

わたしが新人弁護士として入所した法律事務所のボス（経営者）であったのだが、思い返してみると、直感的に「入りたい」と入所を決意した要因の1つに、司法修習生のころにみかけた弁護士特集の本のなかで、鳥飼重和弁護士が、「趣味の欄」（だったと思う）に「人生論」を挙げていたことがあった。

人生論というと、暑苦しいとか、実践的でないと嫌う方がそれなりの数いることは承知しているが、野村克也さんのような本もよく読むわたしは、さまざまな人の「人生論」を読むことが好きである。好きなだけでなく、人生論を語れる人は信頼に値すると考えている。

人生論というのは、その人の軸となる「原理原則」のことである。生き方を考えに考え抜いた末にでてきたエキス（抽象論・一般論）としての「哲学」でもある。その哲学を、仕事（実務）と離れて、研究的に論じられても説得力はないが、日々その道のスペシャリストとして実務（仕事）をしている人が抽出した哲学には、その道だけでなく他の道にも通ずる万能性があることが多い。

経営者に読書家が多いというのも、こうした人生哲学を大事にしていることのあらわれではないかと思う。弁護士として10数年の実務経験をした際に、その道を極めている著名人とお会いする機会も多く得たが、やはりその言葉を聞けば、裏打ちされる哲学が感じられることが多かった。

野村氏の言葉に戻るが、「野球とは」「配球とは」という、「そもそも論」は、税法を考える際にも有用である。税法を大きく貫く原理原則は、ほかならぬ「租税法律主義」である。税務訴訟の判決を読めば、必ずと言ってよいほど、税法解釈が示された部分には、この租税法律主義への言及がある。

そもそも「税法の解釈とは」を考えるときに、必ず参照しなければならない税法哲学は「租税法律主義」ということになるであろう。

ガーンジー島事件や旭川健康保険訴訟などでは、そもそも「租税とは」(税とは)が主たる争点になっていた。いわゆる税金に認められる要素が、外国の制度で税率を選択できるものにも認められるのだろうか？　健康保険料にも共通項はあるだろうか？　そういった問題であったが、こうした問いかけは、税法に携わる者すべてが日々、自問自答していることであろう。

昨年は、国際会計基準が改正されたことに伴う法人税法の改正として22条の2が創設された。収益の認識基準についての改正である。これらを考えるときに、そもそも「権利確定主義とは?」「実現主義とは?」「公正処理基準とは?」ということを反芻するのが、専門家である。

これらを税法哲学というのは、大げさかもしれない。しかし、ものごとを考えるにあたっては、個別のケースに含まれる「一般化できる要素」を見抜くことが重要になる。

その際には、これまで何度も口にしたり耳にしたり目にしたりしてきた「そもそも○○とは」をやるのである。個別のケースを通じて、何度も「○○とは」を自問自答してきた経験が、専門家としての基礎を築くことになる。

これを初学者のレベルに下ろしてくると、「租税法律主義くらいわかっているよ」「権利確定主義はとっくに知っている」と原理原則をおろそかにする学生と、それでもしつこく重要な原理原則の本当の意味を学ばせようとする教員との格闘になる。

司法試験になかなか受からなかったわたしが、合格した友人から得たアドバイスには、経済力の重要性のほかに「原理原則の重要性」もあった。どの法律科目でも、論文試験で問われているのは、結局のところ「その科目の要となる基本原則」である。

具体的な事例で問われているが、その問題の本質にある原理原則に気づくことができるかが重要になる。そして、その例外が認められるかどうかの限界事例であることが多いのが、司法試験の論文試験の問題の特徴といえる。目のまえにある具体的な問題の答えにしか目が行き届かなかったわたしは、どの教科書にも書かれている基本（原理原則）の重要性を、不合格のパンチを3度くらって、ようやく知った。

それでそのことを必ず答案に書くように心がけたら、翌年合格することができた。このとき司法試験に合格するための勉強法を教えてくれた二人の友人にも、共通した哲学があった。二人ともすんなり合格したわけではなかった。何度も失敗した司法試験の経験から得た「合格論文の哲学」を教えてもらった。それがわたしの血肉になり、いまでも活きている。

プロ野球も、税法も、試験も、結局のところは、その「哲学」の習得が鍵を握っているのかもしれない、そしてそれが生きる道を貫くようになると、人生論として豊かな味がその人にあらわれてくるのかもしれない。

3

夏目漱石の文学論から学ぶ？

紙の本の売上げは年々減少する一方で、電子書籍市場は増加傾向にあるようである。毎年公表されている全国出版協会・出版科学研究所の「出版市場規模調査」によれば、2018年の「紙の本」(書籍及び雑誌)の推定販売金額は、前年比5・7%減の1兆2921億円。じつに、14年連続での減少傾向という。

これに対し、「電子書籍」となると、推定販売金額は前年比11・9%増の2479億円という。その内訳をみると、コミック1965億円、書籍が321億円、雑誌が193億円である。これから期待できそうにも思える電子書籍の出版業界全体の売上は、出版業界以外の大企業の売上と比べたら、こころもとない数字である。

出版業界の専門家ではないため、詳細なコメントは差し控えるが、本好きのわたしは、出版業界をとにかく応援している。電子書籍を未だ読まないわたしは、いまでも、「紙の本」が読書の対象である。書店に立ち寄り、本の表紙やカバーの雰囲気などを眺めて、オーラを出している本を手に取る瞬間に、恍惚感を覚えるときもある。

そんなオーラをわたしに何度も与え続けた美術の本があった。岡﨑乾二郎『抽象の力 近代芸術の解析』(亜紀書房)という本である。奥付けによれば、2018年12月25日刊行となっている。

この本は、御茶ノ水駅前にある丸善書店の入口すぐの左側面にある新刊コーナーの右下の方にひっそりと、しかしそれなりの量をもって平積み及び面陳がなされていた。美術の本を買うことは多くはないが、一般書の新刊コーナーで展開されていたこともあり、最初に目にしたときは立ち止まり、手にとってみた。

独特なデザインで、手触りもよいカバーである。ハードカバーで４００頁を超える同書は「３８００円＋税」。安い値段ではないし、分厚い本であるためかさばりそうである。しかしなかをみると、下のいわゆる脚注部分に、参考になる美術品や絵や図がふんだんに掲載されている。文章もたてがきでぎっしりつまっており、読み応えがありそうな歴史や芸術の匂いがした。

そのときは買わなかったが、その後、その本屋にいくたび気になっていたわたしは、目にして４、５回目くらいのとき、ついにその本を購入した。

分厚いが寝る前に少しずつ読めば、日常と異なる世界を体験できるかもしれない。そんな期待をしながら、ページを繰ると、「Ｆ＋ｆ」が飛び込んできた。

「Ｆ＋ｆ」とは、近代文学の父ともいえる『こころ』『それから』『吾輩は猫である』などの数々の作品がある夏目漱石が、『文学論』で唱えた文学作品の方法論についての公式である。引用しておくと、次のとおりである。

「凡そ文学的内容の形式は（F＋f）なることを要す。Fは焦点的印象または観念を意味し、fはこれに附着する情緒を意味す。」

（夏目漱石『文学論（上）』（岩波文庫、2007年）31頁）

わたしがこの『文学論』を読んだのは、もう10年以上もまえであるが、「F＋f」の公式は、法科大学院（ロースクール）で「法律文章の書き方」を教える講義をする際に、初回の授業で必ず触れてきたものである。

文章の書き方といっても、実用文と文学作品としての小説とでは大きく異なる部分がある。前者は「早く正確に伝える」ことに力点があるのに対し、後者は「人間にある情緒をかもしだす」ものだからである。そのため、数多くある『文章読本』をみても、作家（小説家）は「接続詞などのない文章がよい」という。例えば、三島由紀夫は、次のようにいっている。

「『さて』とか『ところで』とか『実は』とか『なんといっても』とか『とは言うものの』とか、そういう言葉を節の初めに使った文章は、如何にも説話体的な親しみを増しますが、文章の格調を失わせます。」（三島由紀夫『文章読本』（中公文庫、1

９７３年）１８４頁）

これに対して、実用文では「接続詞」を有効に使うべきことがさまざまな「文章術」の本で繰り返されている。

法科大学院生に教える「法律文章の書き方」の講義でわたしが必ず伝えているのは、「接続詞は論理のベクトルです」ということである。だからこそ、小説では先の展開が予測できる接続詞は控えるべきことになるし、他方で実用文では（先の展開も含めて）迅速に正確に「伝える」手段として「接続詞」の有効活用が奨励される。

税務訴訟の判決を読んでも、「確かに」「しかし」「したがって」などという、ある意味ベタな接続詞の使い方が頻繁にされているが、これは実用文としての意味がある。

話を戻すと、文学作品には「情緒」（ｆ）としてのフィーリング（feeling）が必要であり、「焦点」（Ｆ）としてのフォーカス（Focus）だけではない「感情」を表現する必要がある。

と、わたしはこの「Ｆ＋ｆ」を理解していて、その理解は文学論の専門家からしたら正確ではないかもしれない。もっとも、「Ｆ＋ｆ」を引き合いに出さずに、作家の森村誠一も、次のように述べている。

「文章の二大機能に、知識・情報の伝達と情緒の創造がある。文芸の本領は、言葉を結び合わせて、情緒を紡ぎ出すことである。……説明文に求められるものは客観性、正確性、そしてわかりやすさである。これに対して文芸においては、客観性や正確性よりは、まず情緒が正面に押し出される。」（森村誠一『作家の条件』（講談社文庫、2010年）50頁）

ここにいう「文芸」とは文学作品であり、「説明文」とは実用文のことであろう。いずれにしても、実用文には不要な「情緒」や「感情」（f）をはっきり認識させるために、わたしは文章の書き方の授業などで、夏目漱石のこの理論を紹介している。法律文章は、実用文であるから、「f」は不要なのである。

しかし、判例の詳細な事実認定を辿っていくと、ときに「ドラマ」をみることもある。戦後の違憲審査制の下で初めて最高裁が法律の規定を「違憲」と判断した尊属殺人違憲判決（最高裁昭和48年4月4日大法廷判決・刑集27巻3号265頁）などをみると、涙なくしては読めないかもしれない。というか、衝撃の事実がそこにはある。これは憲法判例であり、刑事事件の判決であった。

それに比べると、税法判例での事実認定は、数字だらけの印象になるかもしれない。認定された事実は、淡々と（そして多くの場合は複雑な）時系列が示されるだけで、租税回避スキームになれば、さまざまな登場人物が（いっけんすると）なんとも不可解な契約を次から次へと結び、お金をどんどん流していく。

税法研究をしていると、判例の多くがこうだから、事例を冷静にみることができる点は利点だと思う。弁護士時代は、訴訟代理人なので、クライアントである当事者（そのほとんどは納税者）に相当に肩入れした気持ちがあった。

実際「弁護士は、当事者化してはいけません。客観的な目を持ちましょう。ときに当事者を説得しなければなりません」と、司法研修所や弁護修習ではたたきこまれる。自分もそのような考えの下で訴訟代理人をしていたつもりだったが、数年前に弁護士を離れ（登録はしている）、大学教員になったときに、これまで自分の目は完全に納税者よりであったと明確に理解することができた。

もちろん、弁護士には、国税職員と違って、納税者の視点でものごとをみる目が特に求められる。しかし、やはり立場は、ものの見方に大きな影響を与えるのである。

話がそれたが、税務判例を読むときには、まず、認定事実を淡々と読み、複雑な事例の場合には関係者の図などを書きながら、登場人物と時系列と契約関係とお金の動きを正確に理解することが求められる。このときに重要なのは「数字」を正確におさえていくことである。

数字は、わたしたちに具体的なイメージを与えるからである。大学院では少人数で判例演習の授業があるが、数字をとらえないで、抽象的な事実をざっくりまとめて判例研究（レジュメ作成と発表）をする院生が毎年最初のころに出てくる。

数字をとらえた事実をみて、さらに争点との関係では、法解釈に必要な条文もみることになる。税法条文は、法律、施行令、施行規則、通達、事務運営指針などさまざまなルールをみていくことが求められるし、ひとつの事例に関連する条文は概してかなり多い。そのひとつひとつを、その当時の法令を前提に丁寧に読むことが求められる。

税法の判例研究も、いわば読書のようなものである。しかし、文学作品と異なり、そこには「f（情緒）」はない。ように思えるが、実際には発表する院生が、不思議と、感情的になるシーンをみることがある。

「国はおかしい」とか「裁判所は国の味方ばかりする」という私見やコメントが述べられると「それは感想ですね」というところから始めることになるのだが、税の専門家にも、感情論のような議論や主張をしている人がいる。

もちろん、人が人らしくあるための要素に、感情（情緒）があることは否定できない。民法の泰斗である我妻榮も、法律は杓子定規にやると人情を害するからその調整が「解釈論」として必要になる旨を述べている（我妻榮『法律における理窟と人情〔第2版〕』（日本評論社、1987年）4〜6頁等）。いわゆる「一般的確実性」と「具体的妥当性」の調和の問題である。

レイプされ、子どもまで生まされた父親に、好きな人との結婚を反対されてついには殺害してすぐに自首をした娘に、「死刑」か「無期懲役」しかない法定刑の尊属殺人罪（現在はない）を適用してよいか（人の命は等しく年長殺しは重い刑というのは、憲法が保障する「法の下の平等」に違反しないか）、という先の判例（刑事訴訟、憲法判例）のような事件では、感情も動く。近年問題になっている同性婚をめぐるさまざまな裁判などは、専門的な知見がなくても考えやすいだろう（意見も分かれるかもしれない）。

しかし、税法は高度に専門性が発展しており、租税法律主義の下では、認定された事実を前提に、既存の法令を適用することで解決するほかない。そこに登場する「解釈論」に「感情」をもちこむと、武富士事件の控訴審判決のようになる危険がある。「租税回避をするなんてけしからん」という感情が、「住所」はどこかという法概念の解釈に影響を与えてしまうのである。

芸術論の本を御茶ノ水の書店で手にとったことから、夏目漱石の文学論の引用に出会い、それが日ごろ教えている文章論を想起させ、ついには税務判例の武富士事件にたどり着いた。

この本の文章は雑文である。税法のような枠のなかだけで行うものではないから、話がどんどん膨らんでしまったようである。このような作用は「理性」によるものなのか、「感情」によるものなのか。考えてみると、なかなかの難問である。

4

裁判所に廃棄された訴訟記録

訴訟記録が廃棄されていたというニュースがあった。2019年2月13日付け日本経済新聞（夕刊）の見出しをみると、次のように書かれている。

「重要裁判記録を多数廃棄　東京地裁、永久保存は11件」

これだけみると、最近よくある不祥事のニュースかと思うが、そうではない。法律上、民事訴訟の確定判決は5年間、第1審が行われた地方裁判所に保管されるが、それ以上さらに保管するかについては決まりがない。

判決文は国立公文書館に移管されて永久保存されるのだが、訴訟記録というのは、裁判所に提出された書面（訴状や準備書面）や証拠、さらには裁判所が作成した尋問調書などのあらゆる記録が綴られて何冊ものファイルが作成されている。

弁護士時代には、税務訴訟で納税者が勝訴した判決を研究するため、裁判所の記録閲覧室に行き、訴訟記録を閲覧していた。東京地裁だけでなく、記録閲覧のために大阪地裁まで赴いたこともある。

記事によれば、2012年以降に東京地裁が永久保存の対象にしたのはわずかに11件で、横田基地騒音訴訟やオウム真理教破産事件などの訴訟記録であるという。

記事からは、税務訴訟の判決はうかがわれなかったが、専門家としては、大島訴訟やストック・オプション訴訟が気になるところである。

いまはデータベースが普及しているため、判決文についてはいつでもどこでも容易にアクセスできる。最新の裁判例などでも、あるデータベースには登載されていなくても、別のデータベースには登載されているといったことがある。

しかし、このようにして読むことができるのは、あくまで判決文である。もちろん、第1審、控訴審、上告審と全ての審級の判決文を読むことができる便利な時代だが、その他の訴訟記録に綴られたものをみることはできない。

夏休みに指導院生が、秋に大学院で行う判例研究の報告調査のために、霞が関にある東京地裁に訴訟記録の閲覧に行っていた。初めてのことだったようで、事前にいろいろ相談を受けたが、まじめな院生で4、5回以上も閲覧に行き、書証の一覧表（証拠説明書に記載された情報）はもちろん、陳述書などについてもメモ書を作成してきて、それを報告の際に参考資料として配布していた。

机上の学問として判例を扱う大学教員（法学研究者）としては、判例は所与のものである。いわば「上から目線」で、何とでも評論できる研究対象にもなる。いまのわたしはそちらの立場にある。

しかし数年前までは実務で弁護士として訴訟活動を行っていた。判決は弁護士がつくるものだと信じ、訴訟活動には全身全霊を捧げてきた。確かに判決文は裁判官が作成するが、「訴えなければ裁判なし」の訴訟法の世界では、「訴え」を提起する代理人たる弁護士の存在がじつは大きい。

まず、間口の問題として、弁護士が「やりましょう」と言わなければ、税務訴訟のような行政訴訟は裁判所に持ち込まれない。税務訴訟の多くは統計上棄却される運命にあるが、相談を受けた弁護士が過去の判例に照らし、「これは勝てませんね」とアドバイスすれば、提起すら断念される訴訟もあるであろう。

そこで「勝つのは難しいかもしれないけれど、やってみる価値はあるかもしれません」といえる弁護士がいないと、税務訴訟のような行政訴訟は裁判所に持ち込まれずに終わるのである（争うためには出訴期間もあるから、時間が経過すれば却下される訴訟になってしまう）。

また、訴訟を提起したとしても、弁護士の腕がわるければ「棄却判決」となり、納税者は敗訴し、国税当局の勝訴で裁判は終わる。

納税者が勝訴した税務訴訟の訴訟記録を弁護士時代に閲覧して研究したのは、「納税者が勝った税務訴訟」には、必ず「弁護士の知恵と工夫の跡」があったからである。

カルロス・ゴーン氏の代理人に著名な弁護士が選任されたとのニュースが流れたが、たしかに訴訟に強い弁護士はいる（そして、選任された弁護士は本物である）。

訴訟に強い弁護士は、判決を自分がつくったとおそらく内心では自負しているであろう。弁護士時代に主任で知恵をしぼって戦ったストック・オプション訴訟は「戦後最大の税務訴訟」とも呼ばれた大事件であったが、大島訴訟はわたしにとって本で学んだ過去の事件である。

大学の税法の授業やゼミ、大学院の判例演習の授業などでも毎年扱う税法の重要判例である。昭和49年に京都地裁で第1審判決がありこの年にわたしは生まれたのだが、最高裁の判断が下されたのは、11年後の昭和60年であった（小5になっている）。

訴訟を起こした同志社大学の大島教授は訴訟途中に亡くなられたが、判決には敗れても「特定支出控除」を法改正により創設させたこの裁判を起こした原動力は、尊敬に値する。

しかし、判決文を読んでいくと、サラリーマンにも実額控除が認められるべきだと大島教授が主張されていた必要経費が、実際には被服費とか散髪代とかで、事業所得者でも必要経費にはならない家事費（少なくとも家事関連費）のようなものがあったのが残念である。

という感想をもてるのも、判決文に認定事実が詳細に記載されているからであるが、この裁判で提出された書面や証拠を綴った訴訟記録を読めたら、さぞかし面白いだろう。

少なくとも、『判例百選』（有斐閣）に登載されるような著名判例については、訴訟記録をPDFデータでもよいから保存しておいてもらえるとよいのではないかと思うのだが、大量の紙をファイルで綴じた訴訟記録を思い起こすと、そもそものような作業は大変面倒であることは想像がつく。

日本は遅れていたが、民事訴訟法改正の検討事項として、訴状や準備書面の提出を紙ではなく、電子データ（メール）で提出できるようにするという検討が、ようやくいまなされている。

これが実現すれば、物理的なスペースがなくても（また大変な作業を裁判所職員がしなくても）重要判例の多くの訴訟記録を保存できるようになるのではないか。

ちなみに、訴訟記録の閲覧や、判決文の熟読も、立派な読書であると思う。

わたしは、弁護士時代は1年に400冊以上の本を読んでいた。大学に移ってからは年に7、80冊しか読めなくなったが、論文や判例を日々大量に読むようになった。

本を読むことに比べるとつまらなそうに思われるかもしれないが、意外と論文や判例は熟読すると面白い。弁護士時代には論文や判例をじっくり読むという時間は日常的になかなかとれなかった。案件の必要に応じて読んでいるつもりであったが、じっくり読むべき環境である大学教員になってみると、全然雑であった（というかビジネスは熟読をさせてもらえるような環境を与えてくれない）ことに気づいた。

しかし、逆にオンとオフは明確に分けられていて、だからこそ、オフの時間に本をたくさん読めた（通勤時間や昼食時間なども含む）。

大学教員になると、オンとオフの区別が日常的にほとんどなくなる。寝るべき時間を削って論文を書いたり、そのために大量の論文や判例を読んだりしなければならない。弁護士の書く書面は関係者にしか読まれないし、訴訟記録を閲覧しなければ関係者以外には目にも触れないし、いずれ記録も廃棄される。

これに対し、研究者が書く論文は、おそらく研究者や大学院生などには結構読まれるし（読まれるのはありがたいことである）、機関リポジトリなどがあるためネットで全文閲覧できるものも多く、そうでなくても図書館に保管され、半永久的に読まれ続けるから、正確性が強く求められる。

そう考えると、事件が終わればきれいさっぱり忘れられて廃棄される運命にある訴訟記録の一部作成を担う弁護士の仕事の方が、メリハリがあって気楽だったかもしれない。

などといったら、弁護士時代の仲間に怒られそうであるが、そのような発想になること自体が、環境の変化をあらわしているかもしれない。

読書の対象は、過去にだれかが書いたものである。それが時代を経ていると、読むときの味わいは、より深くなる。

5

税務棚日記

定期購読をしている税務雑誌がいくつかある。そのなかに異色の連載記事が掲載されているものがあり、毎月ざっと目を通している。

それは、「税務弘報」（中央経済社）で連載されている「税務棚日記」という連載である。２０１７年10月号から始まったこの連載記事は、紀伊國屋書店新宿本店第三課の方（小林彩香さん）が執筆されている。つまり、新宿東口にある紀伊國屋書店の書店員の方が書かれているのである。税務関連書籍の１か月の売れ筋の動向を中心とした、見開き2ページの記事である。

この連載に目が止まったのは、わたしが本好きだからということもある。しかし、税務の本についてのランキングは、あまりみかけるものではない。ましてや、それが雑誌の連載コーナーとして出てくるというのは極めて珍しい。

しかも、それが税理士会の書店などではなく、一般書の書店としても「紀伊國屋パブライン」といって出版業界の人がチェックしている大型書店の売れ筋である点に、おおきな特色がある（紀伊國屋パブラインは会員のみ閲覧できるもののようで、編集者の方からみせてもらったことが何度かある。紀伊國屋書店での本の売れた冊数をいくつかの係数でかけると、ほぼ全国での本の売れ行きの数に等しくなると推定できる数値であるようである）。

この連載の第1回は「2017年7月16日～8月15日」の集計期間となっているのだが、最後の「8月14日・15日」という欄の終わりの4行に、ちょうどそのころ刊行されたわたしの本に言及があった。

「日本実業出版社『教養としての「税法」入門』がほぼ毎日のように複数売れ、勢いが止まらない。展開場所も複数か所に広げている効果もしっかり出ているようだ。」

この連載を知ったのは、じつはこのわたしの本のことが連載で当初からかなり取り上げられていたからであった。編集者の方から教えてもらい知ったというのが実際である（意外と小さな記事で、最初は気づかなかった）。

連載では、毎月「今月の税務棚のランキング」として上位5位の書名が出版社名とともに紹介されるほか、その他は日記のように日付けとともにその日の動向（感想）が書かれている。

記事のなかで著者名は一切掲載されないため、わたしの名前が登場したことはないが、第2回の連載（2017年8月16日～9月15日）で、『教養としての「税法」入門』（日本実業出版社）が、その月の売上げ「1位」にランクインしていた。

日記にも次のような掲載があった。

「『教養としての「税法」入門』（日本実業出版社）の追加分が入荷したので税法棚を含む、新刊台などに補充。入荷してから約1か月で売上も50冊を超えてきた。他の支店の売れ行きは多くても10冊前後と、自店がより突出して売れている。」

生々しい数字もでているが、ありがたいことにこの本は、発売早々、ほかにもわたしの知る限りではあるが、三省堂神保町本店でもビジネス書の週間ランキングトップ10内に入った。丸善書店日本橋店でも、同様にビジネス書の週間ランキングトップ10内に入っていた。両店ともかなりの期間にわたりランキング入りは続き、三省堂神保町本店ではビジネス書の週間ランキングで1位を、丸善書店日本橋店でも週間ランキング2位を獲得していた。

増刷スピードも早かったため、売れている実感はあったが、このように書店員の方に毎月連載で動向を取り上げていただけるというのは、過去にないことであった。それで、毎月の連載を楽しみにみるようになった。

なお、このとき書かれていた「自店が突出している」という、紀伊國屋書店の内部での情報が、後にまた出てくることになる。

その後も、毎月同書はこの連載で取り上げられた。ランキングでみても、研究室に置いてあるバックナンバーをみると、次のとおりであった。

2017年9月16日～10月15日　1位
2017年10月16日～11月15日　1位
2017年11月16日～12月15日　2位

この2位のときの記事（「税務弘報」2018年2月号）には、「2位の『教養としての「税法」入門』はだいぶ安定した売れ行きになってきているが、支店でも展開を広げているところは売上冊数を伸ばしているため、自店でも油断せずに売り伸ばしたい。」と書かれている。

じつはちょうどこのころには、紀伊國屋書店の梅田本店の法律書担当の書店員の方からメールでご連絡をいただくようになっており、「東京の本店にもうすぐ追いつきます。梅田（大阪）でも売れています」と聞いていた。

そして、ついには抜いたというご連絡までもらっていたのだが、わたしの本をわたしが思うに最も力を入れて売ってくれてきた書店のひとつが、じつはこの紀伊國屋書店梅田本店なのである。

横浜生まれで東京在住のわたしは、大阪に住んだこともなければ、親戚もいない。しかし、わたしが本を書くようになって早いころに、紀伊國屋書店梅田本店は、本のフェアをしてくださった（2012年のことである）。大阪でも人通りがとても多く来客数がとても多い大型書店である。その入口付近でわたしの本とわたしが選んだおすすめの本（手書きポップをたのまれて大量に書いて郵送した）を並べた大展開だったようである。

ようであるというのは、残念ながら実際には1度もみることができなかったからなのだが、担当の書店員の方が写真をお送りくださった。そのときのフェアを企画してくださった書店員の方が、わたしが新刊を出すたびにコーナーをつくってくださり力を入れて売ってくれたのである。

大阪に仕事があって立ち寄った際に書店でその担当の方にお会いしたことがあるが、ふだんはお会いする機会もないのに、『教養としての「税法」入門』もそのあとの本もずっと推してくださっている。

そんな状況がかいまみられる記事なのだが、紀伊國屋書店の新宿本店には足を運ぶ機会があまりない。たまに新宿に行ったときには、書店好きなので必ず立ち寄るし、新刊がでたときにも1度はみてみるようにしているが、ふだんの行動範囲にはない場所なので行く機会は多くない。

とはいえ、なくなってしまった南口店には思い出がある（というか、南口店があったころは、そちらにはよく行っていた時期があった）。

南口店は、高島屋タイムズスクエアのすぐ隣にできた大型書店だった。当時大学生だったわたしは開店して間もないころに訪れて、ものすごい本屋ができたものだと震撼した。司法修習生のころにもよく行ったのだが、そのときにたまたまみつけて手に取り購入した本が、当時の商法改正についての本だった。

その本がわかりやすくて、だれが執筆しているのだろうと奥付をみたら、弁護士の共著であることを知った。さらにインターネットで検索をしてみたら、その法律事務所のホームページがでてきて、そのホームページと本の印象から、わたしはその法律事務所に興味をもったのである。

こうしてホームページに掲載されていたメールアドレスにメールを送って就職することになったのが、鳥飼総合法律事務所である。

本とのご縁で出会うことができた事務所であり、その事務所に入所したことで、それまで勉強したこともなかった（またとくに興味をもっていたこともなかった）税法の実務に携わることになり、その専門家になることになったのだから、新宿の紀伊國屋書店というと、南口店がいまでも浮かぶのである。

　南口店が閉店になってからは、新宿に行った際には、新宿本店を訪れるようにしている。「税務棚日記」の末永き連載と、次のわたしの新刊がここに載るときがくることを願う次第である。

　ちなみに『教養としての「税法」入門』は、そのあともランク入りを続けていた。

２０１７年12月16日～２０１８年１月15日　２位
２０１８年１月16日～２月15日　２位
２０１８年２月16日～３月15日　４位

　８か月連続のランク入りであった。２０１８年７月号でついに姿を消した同書であるが、その発売は２０１７年８月上旬であった。じつに約１年にもわたり、税法の入門書が生き延びたのかと思うと不思議である。

　自著の例を少し長めに書いたが、いま売れている税法のさまざまな本の動向が知れる記事は、専門家にとって大変有益である。ぜひ、長く連載を続けていただきたい（応援しています）。

6

スマホのない1日に判例と出会う

大学に向かって家を出て、10分ほど歩いて到着した自宅の最寄り駅の改札のまえで気がついた。スマホを家に置いて来てしまった。

電車に乗る際に使用するSuicaの磁気カードはスマホのカバーの内ポケットに入れている。そのためスマホを忘れると、Suicaも使えない。

家族に電話してスマホを届けてもらおうかとも思ったが、そのスマホがないのだから電話もできないことに気づく。

大学に勤めるようになってから初めてのことだっただけでなく、弁護士時代もじつは1度も携帯電話を持たずに家を出たことはなかった。

この日は大学入試のシーズンで、授業のない2月であった。前日は、入試監督の「待機」という役割を与えられていた。待機というのは微妙なもので、監督者に割り当てられていた者が欠席した場合などに、急きょ代役として試験監督を行う担当である。

11時まで講堂で待機し、とくに必要なしとなれば解除され、1時限目の試験が終わる時間まで各自の研究室で待機となる。それで何もなければ解放される。

前日のわたしはこの「待機」だったのだが、結局監督を割り当てられることはなかった。そのまま帰宅したいくらいであったが、その日は夜、法律事務所に勤めるゼミ

OG二人と法律事務所の秘書志望のゼミ生との食事の予定があった。やることはいくらでもあるので、青山・表参道にある3店のカフェを梯子し、本を読んだり、原稿やゲラを進めたりして、夜は大手町でスペイン料理を食べてきた。

その翌日であったこの日は入試のない日であり、翌日に割り当てられた入試監督のためにもゆったりしたい日であった。朝が苦手なわたしは、ゆっくり起きれば夜中は朝まででも起きていることができるが、仕事のために早起きをする日が2日も続くと、ものすごい睡魔に襲われることになる。

昨日は待機とはいえ早朝から、一昨日は試験監督で早朝からと、この週は緊張感のある仕事で早起きを強制されたものだから、気が抜けたのかスマホを忘れてきてしまったようである。

ということで、特に人にあう予定もなく、また仕事をする予定のある日でもなく、とはいえ大学に行く日だったので（また、徒歩で10分もかかる自宅に再び戻るのは面倒だったので）、スマホなしの1日を体験してみるかと、そんな判断をして切符を買うことにした。

さて、スマホのない1日の始まりである。まず勤務先の大学までの切符がいくらなのかがわからない。券売機で上を見上げると、路線マップに「3××円」とある。片道300円以上とは、意外とかかるのだなといまさら知る。

財布から（財布はあってよかった）その金額の硬貨を取り出し券売機に入れると、その金額の表示がない。同じ地下鉄だが、乗り換えがあるため、乗り換えのボタンを押さなければならなかった。

ふだん切符など買わないので、すでに面倒だと思いながらもスマホのない1日を体験してみるべく、わたしはホームに降りた。ホームで早々にスマホでメールをみたくなったが（大学の事務室からのメールや出版社からのメールなど、判断と返信が急がれる結構な量のメールが日々届く）、スマホがないことを思い出し、これは困ったなと思う。しかしすぐに、かばんのなかにiPadがあったことに気づいた。

これでメールはできるぞと、電車のなかではiPadでメールを処理し（実際に結構な数が来ていた。ちなみに家を出る前にもメールチェックはしているから、その後の10数分であらたに届いたものである）、少し落ち着く。なんとかなりそうである。

iPadにはLINEは入れていないから、学生や家族からの連絡はみることはできないが、夕方までに帰宅すれば問題はないであろう。

しばらくして電車を乗り換えることになるが、ここで切符を通せる改札口でなければ出られないことに気づき、改札口の選定に敏感になる。出てすぐにまた次の改札に乗り換えで入るので、ふだんは見向きもしなかった「切符で入れる自動改札機」を探すことになった。

しかし、思ったほど少なくはないことに気づき安心する。考えてもみれば、いまの日本は外国人の観光客も多いから、当然であろう。

いずれにしても、往復でわたしの通勤には毎日６００円以上かかっていたのかと初めて知り、なぜだかけちくさい気分になった。なお、帰りも同額を財布から出して切符を買った。百円玉硬貨を３枚取り出し、さらに十円玉などを何枚も出すと、電車に乗るだけでずいぶんとお金を払っているのだなという、ふだんほとんど覚えない感覚を得た。

大学近くの駅に着くと、いつものスタバに向かう。スタバは毎日通うわたしの仕事場に等しい場所である。スターバックスカードにはつねにチャージをしているので、お金を払う感覚なしに、ふだんどおりいつものアイスショートソイラテを買えた。なお、わたしは「ソイラテのアイスのショートサイズ」といつも注文をするが、そういうとバリスタの方は「アイスショートソイラテ」と他のバリスタに声をかける。これは全国共通である。

スタバの黒色のトレイをみると、顔見知りの（といってもゆっくりと会話をしたことは、ほどんとない）女性スタッフが書いたのであろう。いつもは何も書かれていない白透明のビニールの手拭き入れに、黒マジックでイラストと「Thank you!」と書かれている。よくみると、大きなハートのなかにバーバパパのような目と口が書かれていてキュートである。

着席すると、早速インスタのストーリーズに流そうとスマホの写真アプリ（インスタ用にわたしはFoodie（フーディー）を使ってカフェなどで写真を撮るのが日常である）で、そのイラストの描かれた手拭き入れを撮影しようとするが、スマホがないことを思い出す。

iPadのカメラ機能でも撮れるが、わざわざノートサイズの大きなタブレットを持ち出し「パシャ」と音を出して撮影するのはどうかと思い（いつもなら一瞬で行いすぐにアップするのだが）、撮影は断念した。

代わりに、手拭きを取り出すときはイラストのない5ミリくらいの部分を切り開くことにして、自宅に持ち帰ることにした。そしてそれを、かばんに入れてあるメモノート（気づきを書くもの）に挟み込む。

スマホがあれば撮影してすぐに捨てることになったはずのものだが、こうして持ち帰ることになった。何でもスマホのカメラで済ますことができるようになって、自分が物を大切にしていない（というより、物そのものの価値を低下させていた）ことに気づく。

でも、明日になれば（スマホがあれば）、同じように撮影で済ますことだろう。帰宅した夜、いまその手拭き入れに描かれた絵をみながらこの原稿を書いている。こうしてみると、物を大切にすると、人を大切にすることにもつながり、より印象に残る1日が送れるような気がする。これはスマホがなかったころには毎日ふつうに体験していた日常のような気もしてくる。

さて、わたしは試験監督のときは持っていくが、最近は腕時計もつけないことも多い。スマホをみれば足りるからである。それで時間もわからない（iPadをみればわかるがいちいちみないので）1日を過ごすことになることに気づく。

とはいえ予定はないのでスタバで作業をしてから、しばらくしたら大学の研究室に行き、今日の予定であった検収と研究費の申請作業をすることにした。検収室で購入した本をみせて領収書にスタンプを押してもらうと、今度はまた別の棟にある研究推進部という部署に行き、申請作業を終えた。

研究室に戻ると、今日はとくに業務としてすべきことや約束はないため、また近くのカフェで（スタバ以外でよくいくカフェが大学近くに数店ある）作業をしようと、そのための資料や税務雑誌、論文のコピーを用意してかばんに入れた。

毎月読んでいる「月刊税理」（ぎょうせい。以下、「税理」と略します）での連載原稿のしめきりが近づいている。税務判例を毎月紹介するのだが、今月はどれにしようかと研究室でいろいろ調べて決めた判例を「LEX DB」（判例のデータベース）で検索して、地裁及び高裁の判決文をプリントアウトした。それを読んだり、本のゲラを読んだりする。さらに税制改正などの特集が組まれたいくつかの税務雑誌にも、コーヒーを飲みながら目を通す。

今回選んだ判決は、あまり有名ではないが、名古屋の税務訴訟で、金地金をスワップ取引した上で保管してもらった納税者が譲渡所得課税を受けた事案だった。

それほど事実関係も複雑ではなく、争点も1つである。裁判所の判断も短い地裁判決を読み終えると「そうだろうね」と思い、さらに短い控訴審判決を読み始める。控訴棄却だと思っていたら、原判決取消しであった。原判決取消しというのは、第1審の判断を覆すのだから、ふつうは判決文も長くなる。

しかし、この名古屋高裁の判決は、事案の概要も前提事実も当事者の主張も、原審（第1審）をそのまま引用しており、判断だけ変えているのである。

読んでみると、短い判文なのに面白かった。契約の認定を形式的に「交換契約と混蔵寄託契約」と考え、「資産の譲渡」はあったとした第1審と異なり、控訴審は確かに2つの契約がなされているが実質的には「混蔵寄託契約」であり、交換契約の部分は手段に過ぎないというのである。

契約の認定を形式的にみるか、実質的にみるか。それだけで、所得税が1000万円単位で変わるのだから、納税者にとっては裁判で争ってよかったというところであろう。

税務判例には感情をかきたてるものは基本的にはないと、この本の別のところで書いたが、この判決文をみていると、淡々と契約の概要が書かれており、譲渡所得の判例の解釈（増加益清算課税説）があり、契約の認定をしてあてはめるだけである。

しかし、これだけだと実感がもてないので、課税庁（所轄税務署長）が行った更正処分の数字も確認する。所得税額の計算過程もみておいた。

税法は文章だけで大きなお金の支払義務を発生させるのだから、その影響は計り知れない。判決の解釈ひとつでその金額が変わるのだから、裁判所はパワーを持っている。それに携わることになる弁護士もダイナミックな仕事をしていることになる。それを読んで評釈などを書く研究者は、冷静な立場にある。しかし、冷静な立場だけに、客観的に読むことができる。

執筆した「税理」の記事は短いから深堀りはできないが、まだ評釈もなく（2つあり読んだ）、詳細な判例研究が少ないので、今後論文で書いてみようかなと思う。すると、そのあと見えてくる景色が変わってきた。

じつはこの判決、スワップ取引や混蔵寄託というあまりなじみのないキーワードが目に飛び込んできていたので、読むまえはあまり気が乗らなかったのだが、読んでみたら思いのほか面白かった。

本も同じだと思う。よく読むなじみのある知識をもとに書かれた本を読むときと違い、専門知識のないジャンルや、初めての著者の本などを読むときは、最初に抵抗感があるかもしれない。しかし読んでみると、面白かったり、知識が得られて成長できた気分になれたりと、みえる光景も変わり充実が得られる。

もうスマホを忘れたことなど忘れて、時計をみることができないことも忘れていた。帰宅したら、ささっと「税理」の連載記事も書いて、明日の試験監督（今シーズンのラストである）に備えて、明日は早起きをがんばろうと、爽やかな気持ちで家路についた。

帰宅すると、いくつかのＬＩＮＥのほか、電話の着信もあったようで若干のご迷惑はかけたようにも思うが、メール処理は帰りの電車でｉＰａｄでも行えたので、スマホがなくても特に問題のない1日であった。

テレビのニュースをみると「東京都心で19度」とあった。わたしはふだんどおりマフラーをしてセーターも着ていたが、寒いとも暑いとも感じていなかった。

ふだんはスマホのアプリで気温もまめにチェックしているので、スマホがあれば気温が高かったことに気づいていたかもしれない。しかし、スマホをみて初めて実感できる気温というのも少し変なものである。

わたしにとっては、冬の爽やかな1日であった。

ちなみに、ふだんはあまり使わないのだが、iPadをかばんにいつも入れていたことが、スマホの予備として役立った。メールもそうだが、スマホと同期しているメモ機能も使えたからである。手書きのメモもするが、仕事や研究の気づきのメモはスマホのメモ機能にどんどん思いついたそばから書く。

この日もiPadでふだんスマホに記載しているメモに上書きできたので、支障なくメモを残せた。メモの内容は6月に開催予定の院生ディベート大会（毎年恒例で主催をしている）の1つのテーマに、このスワップ取引の判例を入れようという気づきメモであった。そしてこのテーマで、後日実際にゼミ生が院生とディベートをすることになった。

7

ようやく六法の現代語化がコンプリート

ある新聞のコラム欄に載っていたが、今年の4月1日から六法すべてがようやく現代語化される。というか、最後まで残っていた商法の海商編（海商法）部分の漢字カタカナの条文（文語体）が、平成30年改正によって、漢字ひらがなに改められた。いわゆる現代語化だが、その施行が平成31年（２０１９年）４月１日なのである（ただし、ここにいう六法は「商法」典を指しており、広い意味での商法に含まれる「手形法」と「小切手法」は、いまだに漢字カタカナの文語体である）。

わたしが大学に来てから、この春（その4月1日）で、ちょうど5年目になる。弁護士を約12年してから、大学教員に転身した。最初の１年は外国に留学したかのように（留学したことはないけれど）、ものすごく長かった。法律事務所と大学は職場環境が大きく違い、なじむのに結構な苦労をした。選択を誤ったのではないかと思ったこともある。

しかし、2年目以降はあっという間で、とくにさまざまな環境に慣れた3年目～4年目は一瞬で過ぎ去りいまに至る。弁護士として12年仕事をしてきたが、大学に来てからは1、2年の感覚でしかない。それくらい「住めば都」で大学教員に慣れたいまは、日々が過ぎるのがものすごく早い。

話がそれたが、大学に来て最初に担当した授業が「法学入門」であった。大学（法学部）に入学したての（つい最近まで高校生だった）新入生に、入学後すぐに始まるのが前期（2単位）の法学入門である。

勤務先の大学では、この年から法学入門の授業に改革があり、大教室で行われていた（らしい）授業が、50名程度の少人数クラスに分割された。1学年500名ほどいる法学部1年生を、9名程度の教員が担当するのである。

内容にばらつきが出ないように、（面倒だけど）年間に何度も集まって担当教員で会議を行い、法学部生に最初に教えるべき内容や共通試験として出題する事項なども綿密に議論しながら進めていく、過去の法学部にはなかったタイプの授業だと思う。ちなみに勤務校の法学部がこうした少人数教育などを積極的に取り入れていることと、弁護士時代に非常勤で担当した「法学ライティング」という授業の受講生（60名程度）のレベルがとても高くてやりがいのある大学だと思ったことから、転身を決めた。この授業は2年間しか担当しなかったが、いずれの受講生からも大学卒業後のロースクール1年目に予備試験に合格した学生が出た。

またしても話がそれたが、法学入門の授業のわたしのクラスでは、六法を開いてもらい、マイクであてながら「憲法」や「民法」や「刑法」の条文を声に出して読んでもらう場面を取り入れている。わたしの授業は1年生にも容赦ないので、会社法や会社法施行規則などもふつうに読んでもらうが、そのときにこれまで言ってきたのが、次のセリフである。

「商法をみてください。会社法が平成17年に独立の法律としてつくられて、ごっそり条文が抜け落ちましたが、いま残っている条文には漢字カタカナの文章が残っています。漢文みたいで読みにくいと思うかもしれません。でも、わたしが大学生だったころは、憲法と刑事訴訟法と民法の親族・相続編と刑法以外は、みんなこの漢文みたいな条文でした。漢字ひらがなの口語体で読めるなんて、うらやましいですね」

といって、実際に平成16年改正前（現代語化前）の民法の条文を例に、同じ条文について、文語体（旧法）と口語体（現行法）を対比して掲載したレジュメをみせながら、授業をする。

そうすると（法学入門のわたしのクラスでは毎回リアクションペーパーを受講生に書いてもらい、その感想や質問を次の授業でフィードバックしている。興味のある方は「青学TV」に取材された授業の動画があるのでご覧ください）、必ず毎年「なんで、まっさきにすべき現代語化をしないのか。法律って本当に時代遅れだと思った」

というような感想が書かれたリアクションペーパーを目にすることになる。

それを次の授業で読み上げて、法律改正がどのようなタイミングでなされるのか、法律の制定や改正の仕組みを説明するのだが、今後はその必要もなくなる。

現代語化が六法すべてで整ったのが、平成31年（２０１９年）４月というのは、初めて口語体（現代語化）が導入された日本国憲法の施行が昭和22年（１９４７年）５月３日であるから、実に72年もたっていることになる。

母が憲法が施行される直前の昭和22年（１９４７年）生まれなのだが、それだけの年月を要したことになる。

もちろん急務の国家プロジェクトとして「現代語化」を進めてきたという話は聞いたことがないから、改正は内容において求められるもので、現代語化だけを早急に進める必要はないとのことだったのであろう。

そして現代語化をするにも改正が必要だから、平成16年の現代語化をした民法改正でもそれなりの困難と工夫があったように、簡単なことではなかったのだと思う。

ちなみに、税法では、国犯法《こっぱんほう》が、長らく「文語体」のままであった。しかし、この国税犯則取締法も、平成29年（２０１７年）改正によって国税通則法に編入され、同時に現代語化された。これが施行されたのが、昨年（平成30年〔２０１８年〕）４月

1日であったから、これもごく最近のことである。

六法全書は売れなくなり、廃刊になったシリーズもあるという。確かにわたしが大学生のころは条文を読むためには、紙の六法を買うしかなかった。しかし、いまはインターネットで「e-Gov（イーガヴ）」（電子政府）にアクセスすれば、スマホでも簡単に法令の条文はいつでも読むことができる。税法に登場する「通達」や「事務運営指針」も、国税庁のホームページにアクセスすれば全文読める。

アクセスすればと書いたが、ネットはみな検索により利用するから、現実には「商法」「所得税基本通達」といった法令等の名称を検索サイトに入力するだけで、すぐにその法令の全文にアクセスできる。

しかも、最近は商法にしても民法にしても改正が続いている。毎年改正がある税法に限らず、どの法律も改正が頻繁にされるようになった。そうすると、改正法をみようとしたときに、購入した六法をみても、最近成立して公布された改正法の条文は載っていないわけで、しかしネットの「e-Gov（イーガヴ）」にアクセスすれば、「未施行」の条文も全文読める（のです。知っていましたか?）。

債権法改正、相続法改正、成年年齢引下げの改正……と平成29年（２０１７年）から平成30年（２０１８年）に立て続けに改正された民法など、施行されていないものがまだ多いが、それらの改正法の条文をみることも簡単にできる。

スマホとｉＰａｄで、わたしはこうした条文を日常的にチェックしながら研究をしている。電車のなかでもカフェにいても、いつでも気になったらすぐに条文が読める。これほど便利なことはない。他方でこのようなツールがあるにもかかわらず、職場や自宅にある紙の六法しか開かないという方は、どんどん法律の世界では遅れていくことになるだろう（と、わたしは思います）。

判例もデータベースを駆使するのが日常にならないと、昔勉強した『判例百選』（有斐閣）のものしか知らないとか、数年前に発売された現在の（一応）最新版の『判例百選』で情報が止まっているとか、そんなことになりかねない（ので、気をつけましょう）。

かつてはそれでも最新の情報といえたのかもしれない。しかし、いまはそうではない。わたしは前にも書いたように、「月刊税理」（ぎょうせい）で毎月最新の税務判例を記事に書いている。そのためネタ探しが必要になるし、学部の税法ゼミや大学院の判例演習や、ディベート大会の主催などで、常に最新の判例を扱っている。そのため、例えば「平成29年（２０１７年）の判例」というと、かなり古く感じる（ちなみにこの原稿を執筆しているいまとは、平成31年（２０１９年）２月なので、平成29年の判例は2年前に過ぎない)。

さて、ようやく現代語化がコンプリートされた六法であるが、会計や英語と違ってなかなかムーブメント(流行)が起きない「法律」を、いつか国民的なブームにできないかと思っている(難しいですかね)。

8

法律書が年間ベストセラーを独占した１９６８年

公認会計士の山田真哉さんの『さおだけ屋はなぜ潰れないのか？ 身近な疑問からはじめる会計学』（光文社新書、２００５年）がミリオンセラーとなり大ヒットしてから、14年たつ。

この本が発売された当時、わたしはまだ司法試験合格後に27歳で書いた処女作（『司法試験《サバイバルレース》を勝ち抜く合格術─ロースクール前に絶対合格《うか》ろう─』（法学書院、２００２年））1冊があるのみであったが、いずれは法律小説（リーガル小説）でベストセラーを書きたいと思っていた。

ジャンルは違うが、会計書でベストセラーが出たことが衝撃であると同時に、この本を上野のスタバで読んだときに「やられた」と思ったことをいまでも覚えている。自分もこういう本を書きたいと思っていたからである。

しかし、その後も会計書は比較的ビジネス書などの一般書でも売れるジャンルになっているし、英語の本などもビジネス書として売れることがよくあるにもかかわらず、法律書がビジネス書（一般書）として売れることは極めて少ない。

２０１7年に書いた『教養としての「税法」入門』（日本実業出版社）は確かにこのジャンルの本としては売れたが、それでも発売から7か月で1万２５００部（5刷）に到達し、そこでストップしている。数万部にすらなっていないし、ミリオンセラーに届くような数字ではない。『さおだけ屋』のように、多くの方の目にとまるものにはなっていないことは、残念ながら明らかである。

インターネットで日本のベストセラーを調べることができるのだが、公表されている１９５０年代から２０１７年までの約60年をみたかぎり、唯一「バリバリの法律書」が年間ベストセラーに入った年がある。それが１９６８年（昭和43年）である。

わたしが生まれるまえの時代だが、『分かりやすい「民法」の授業』（光文社新書、２０１２年）を書いたときに、当時の光文社新書の編集長でありわたしの担当編集者の方から教えていただいたのが、この１９６８年に『民法入門』（光文社）で年間ベストセラー２位を記録した佐賀潜《さがせん》という作家である。同編集者は、すでに絶版となっているこの記憶すべき佐賀潜の『民法入門』のコピーを手渡してくださり、「平成の佐賀潜『民法入門』をつくりましょう」とご依頼してくださった。

こうした経緯で書いた『分かりやすい「民法」の授業』はそれなりに売れた。しかし、佐賀潜には全く及ばなかった。

さて、この１９６８年だが「法律書」が年間ベストセラーの２位に入っているだけで驚いている状況ではじつはない。なんと、年間ベストセラートップ10に４冊も佐賀潜の法律入門シリーズがランク入りしているのである。

参考までに同年の年間ベストセラーを挙げると、以下のようになっている。

1位　人間革命（4）　池田大作　聖教新聞社
2位　民法入門　佐賀潜　光文社
3位　刑法入門　佐賀潜　光文社
4位　竜馬がゆく（1）〜（5）　司馬遼太郎　文藝春秋
5位　頭の体操（4）　多湖輝　光文社
6位　どくとるマンボウ青春記　北杜夫　中央公論社
7位　商法入門　佐賀潜　光文社
8位　愛　御木徳近　ベストセラーズ
9位　道路交通法入門　佐賀潜　光文社
10位　Dの複合　松本清張　光文社

カッパブックスという当時大ヒットしていた光文社のシリーズが大量にランク入りしていることになるが、佐賀潜の当時10作書いた法律入門シリーズの4冊がランキングし、9位にいたっては『道路交通法入門』であるから驚きである。

そして、この顔ぶれをみていただければ、本好きの方であれば（あるいはそうでなくても)、ベストセラー不作の年だったのではなく、むしろものすごい本のなかで佐賀潜が他をしのいでいることがわかるであろう。

なにしろ、毎年ベストセラーになる宗教本はおくとしても、国民的人気作家である松本清張が10位に入っており（わたしは同氏の本が好きでよく読むので、この小説も読んだことがある)、司馬遼太郎の『竜馬がゆく（1）～（5)』があり、わたしが小学生のころ（１９８０年代）でも売れていた『頭の体操』シリーズがあり、当時どの家庭にも1冊置かれていたのではないかと思う『どくとるマンボウ青春記』（北杜夫）もあるのである（わたしは読んだことはないが、小さいころに実家の本棚で目にしていた独特なタイトルの本である)。

絶版ではあるが、アマゾンの中古で購入して、じつは佐賀潜の法律入門シリーズを何冊か持っているのだが、この年の年末に発売された『税法入門』（光文社）ですら、奥付をみると、１９６８年12月1日に初版発行で、１９７０年8月1日に「71刷」とある（約1年半で70回も増刷されているのである)。同じくこの年間ベストセラーには入っていない同氏の『商法入門』（光文社）も、わたしがもっている本の奥付には「１６７刷」とある（絶句ですね)。

さて、佐賀潜をご存知の方は少ないと思う。同氏の法律入門シリーズがベストセラーになった1968年は父が大学を卒業して会社に入社した年なのだが、先日「佐賀潜、知っている？」とたずねてみたら「知らないなあ」との返事であった（父は理工学部出身のエンジニアだが、昔もいまもものすごい量の本を読む読書家である）。

佐賀潜は元検事で弁護士の作家である。作家というのは、実際にこうした法律入門シリーズだけでなく、推理小説も多数書いているからである。また、元検事で弁護士の作家とはいえ、税法という専門性の高い本を極めて読み手目線の筆致で細かな条文まで引用しながら、「所得税法」「法人税法」「相続税法」「間接税法」「地方税法」と幅広く言及した本を一般書として書いており、大変博識であったことがうかがえる（ちなみに『労働法入門』（1968年）『不動産法入門』（1969年）『婚姻法入門』（1969年）（いずれも光文社）などまで書いている）。

こうした本が年間ベストセラーになっているのだが、今日のベストセラーのように、読みやすく、わかりやすく、うすい本ということでは決してない。大人向けの少しエッチな挿絵がところどころに入っており時代を感じるが、内容はバリバリの法律であり、小さな文字でその法律を満遍なく、条文の引用までしながら、しっかり説明している。それでも売れているのである。

ここからいえることは、本のつくり手は、専門性が高いからといって読者に媚びるように「わかりやすくしよう」などと思う必要はないということであろう。ただし、読者を楽しませる（読みたい気持ちにさせる）上手な文章で書かれているから、こうした工夫は重要であることもわかる。

同時に、いまの本と比べて、質が高いことがわかる。変にわかりやすくしていないし、専門バリバリの法律のことを一般書なのにそのまま書いている。他方で作家の文章力はいまのビジネス書の比ではない。ちょっとページを繰って読み始めたら止まらなくなる……という感覚といったらわかるだろうか。

実際、わたしは小学生のころに、よく父の本棚にある大人の本を手に取って少し読みだしたら止まらなくなり、没頭していたということがよくあった。大人向けの本でありながら、子どもがこっそりと読んでも面白いのである。

その感覚を思い出させてくれる本である。対していまのビジネス書は、子どもが開いてもおそらく没頭できないと思うし、止められないほど面白いという本は少ないと思う。

面白いというより、学ばなければならないんだな、という本が多いと感じる。

いまは亡き伝説の作家についてあれこれ書いてみたが、『さおだけ屋』がでてから14年たったいまでも、法律書で年間ベストセラーに入る本は出現していない。それでも、いつかそんな本を書ければと思っている。その想いが実現する可能性があると思えるのは、この燦然と輝く１９６８年の出来事があるからである。

なお、ご存知の方は、税法の本はベストセラーになったことがあるのだけど、と思われていたかもしれない。消費税の本が2冊、年間ベストセラーに入った年が確かにある。１９８９年（平成元年）である。余談であるが、この年は、吉本ばななの作品が5冊、村上春樹の『ノルウェイの森』（講談社）もランク入りしている。

9

ジャンルにとらわれない豊かな発想

松下幸之助が、こんなことをいっている。職業が、才能ある人を育むと。具体的には、次のとおりなのだが、いまの時代にもそのままあてはまる名言である。

「社会がまだ進んでおらず職種が少ない状態では、だれもが自分の第一の才能を生かせるとはかぎらない。宇宙開発ということによって、宇宙科学というものにいちばんの才能をもっている人が浮かび出た。また新しい職業が生まれたとしたら、その職業に最適の人があらわれるかもしれない。」（松下幸之助『思うまま〔新装版〕』（PHP研究所、2010年）81頁）

現代は、技術革新が目覚ましく、あたらしい仕事が次から次へと生まれている。読者のあなたにも、きっと最適な仕事があるはずであるが、果たしてそのような職種にめぐりあえているといえるだろうか。

そんな疑問は、だれにもあるかもしれない。それでも、現実には目のまえにある与えられた仕事を（いやな仕事や気の乗らない仕事も含めて）こなすのが、多くの社会人の毎日であろう。

職業の話から少し広げると、わたしたちはとかく既存の枠組みに意識を固定化され、そのなかで何かをこなしたり、考えたりする傾向が強いのではないだろうか。

そして、その枠組みからはみだすくらいの仕事を行った人が評価されるかというと、そんなことはほとんどなく、多くの場合は、はみでてしまった既存の領域（はみでた結果、中途半端に重なるようにみえる複数の既存の領域）の人たちから、「いまいちだね」「素人だね」といわれてしまう。

表現の自由が保障された「著作」ですら、ジャンルというものがある。とくに最近はアマゾンなどの検索機能の利用が購買層に増えた。そのため、本のタイトルからサブタイトルにとどまらず、これをいくつかのカテゴリーに入れて本を管理・販売しようとする傾向に拍車がかかっている。

そして、それが知らないうちに、管理・販売という手段のためのカテゴリーに過ぎなかったはずなのに、そのカテゴリーで作品を評価しようとする発想がでてくるからやっかいである。

文学作品でいえば、日本では近代文学が誕生してから、作家によりさまざまな模索がなされてきた。紆余曲折を経て、戦後の日本では「大衆文学」は直木賞、「純文学」は芥川賞の対象とされた。そして、この作家はどちらであるか、というカテゴライズがあたりまえのように行われてきた。

それをはみ出すような作品を書いた作家には、両賞の候補になった渡辺淳一のような才能もいたし、松本清張も大衆文学で国民作家になった稀有な才能だが、もともとは芥川賞作家である。

『響～小説家になる方法～』（柳本光晴著、小学館）というマンガがある。小説の才能がずば抜けた天才女子高生がひとつの小説で芥川賞と直木賞の両賞を同時受賞するストーリーなのだが、そもそもノーベル文学賞の受賞も間近いといわれている村上春樹はどちらにもはまらず、芥川賞も直木賞も受賞していない。

野球でいえば投打において過去の選手を凌駕する大谷翔平がメジャーリーグでも新人賞を受賞するくらいだから、潜在的には人はジャンルにとらわれないスーパースターを希求していると思われる。直木賞の選考委員会を19年つとめた作家の阿刀田高氏も、「小説にはよい小説とわるい小説との区別はあるかもしれないが、芥川賞は純文学、直木賞はエンターテインメントという区分は本質的ではない」といい、小説家が自分には書けないと感じる作品は「新しいもの、今までにないもの」であるといっている（阿刀田高『私が作家になった理由《わけ》』（日本経済新聞出版社、２０１９年）１４０～１４１頁）。

小説家のなかでも、作品の長さによって、「〇〇は短編作家か、長編作家か」のような会話もなされるところである。しかし、たとえば村上春樹は、短編、中編、長編、エッセイ、翻訳と、どのジャンルでも卓抜した作品を書き続けている。

わたしは、これまで10年間で50冊以上の単著を書いてきた。さまざまなジャンルの本を日ごろから読んでいるため、願ってきたのは「既存のジャンルにおさまらない作品を世に出すこと」である。

３００頁を超える小説（物語）のなかで、法律の概要も伝えてしまう作品（小説で読むシリーズなど）を書いてきたのも、「法律を小説で解説する本を書こう」というような発想をそもそももっていないところが、他の著者とは違うところではないかと思っている。

もともと小学生、中学生のころは漫画家を目指し、高校生のころは１００曲以上の作詞作曲をしてきたわたしは、そのあとに法律に出会っている。

しかし、読者の方は、「弁護士」という法律の専門家が、「小説」という不慣れな素人的手段を使って「解説」しようと頑張ったんだね、と受け取るようである。税抜きで２０００円もする、法律を勉強をする人向けの小説である『小説で読む民事訴訟法』（法学書院、２００８年）は、いまでも増刷がかかっており、それなりの部数になっている作品である。ネットのレビューも多いのだが、「小説は素人」といろいろなところで書かれている。

　確かに素人かもしれないが、小説で読むシリーズだけでも、4作品も刊行しており、『小説で読む憲法改正』（法学書院、2014年）を除いた他の3作品はいずれもかなりの増刷を重ねてきているのだから、そしてそれは小説なのだから、読者がついているという事実はあると思う（のですが、どうでしょう）。

『小説で読む行政事件訴訟法〔初版〕』（法学書院、2010年）のレビュー（アマゾン）をみると、かなりの長文で熱心に書かれたものがあって、そこには「ジャンルをはっきりしろ」といったことが書かれていた。小説なのか、法律書なのか、自己啓発書なのか、さまざまな要素が入っていて、どの本なのかわからない、というのである。

　これなど、まさにジャンルにとらわれないはみだした作品を描こうとした結果ではないだろうか。

　しかし、このように何かのカテゴリーにおさまらないと気が済まないという読者が多いのだとしたら、少し残念なことである。

　話を戻すと、松下幸之助は、人間が中心にあるべきと説いている。わたしたちの目の前にいつもある「政治」とか「法律」とか、そういうものは、あくまで「手段」であることを忘れてはならないというメッセージである。具体的には、次のように書かれている。

「政治でも、政治のために人間があるというようなことではいけない。あくまで人間のために政治があるのであって、学問もまたしかり。その他、経済にしても、教育、宗教、法律などにしても、本来一切のものが人間のために存在するのだということを忘れてはいけない。」（松下・前掲書40頁）

同氏の本を読んでいると、その心の広さに感服する。自分の心にあるジャンルにとらわれたくない生き方を肯定してもらえるようにも思えて、染み入ってくる。

この本のタイトルも『税法読書術』だが、税法の本の読み方だと思ったら、一般書の紹介などもあって残念でした、という反応があるのかもしれない。

わたしのまわりには税法の専門家が数多くおり、職場では法律の専門家に囲まれている。みな専門分野について深い知識をもっている。SNSなどをみていると、とくに税法の専門家は、毎日のように「税法」のことを書いている。

わたしは仕事として税法を教えたり研究したりするけれど、税法を特に好きではないし、税法のことを心底面白いなどとは思っていない（申し訳ありません）。やりたくて求めた分野でもないし、何かのご縁で（運命かもしれないけれど）、仕事の対象がいつの間にか税法になったというだけである。

別に税法なんてやめてよいなら、いつでもやめてもよいと思っているし、やめたとしても、自分には文筆の力は経験により得ているため、何かを書いていけると思うし、講演や授業などをする技術もある。弁護士時代につちかった裁判の技術も多分まだ残っているし、相談を受けてアドバイスをするスキルもまだあると思う。

だからといって、税法はやめますといっているのでも、やりたくないといっているのでもない。変なあこがれや、職業に対する強いこだわりがあると、肩に力が入りすぎるのではないかと思うのである。

わたしは弁護士という職業全般にあこがれたことがなく、法廷に立つ弁護士の活動や裁判などに特段の興味をもったこともなかった。税法にも特段の興味をもっていなかったので、その2つを組み合わせた「税務訴訟」の代理人として法廷で訴訟活動をする弁護士としての姿など、学生時代の自分からしたら想像すらしなかった。

しかし、そのような仕事がまわってきたので、全力を尽くしてやってきた。なんのあこがれもこだわりももっていないので、裁判とはどんなものなのか、裁判官とはどのような思考をもっているのか、書面にどんな書き方をすると裁判官を動かせるのか、といったことを日夜、自分のあたまで考えて実際にさまざまな実験をして、勝ちにくいといわれる税務訴訟で勝訴判決を得てきた。これは実際にいろいろ工夫してやってみた研究及び実験の結果であり、勝ったときには「当然の結論が出たまでだ」と思っていた。負けたときには「あたまのわるい裁判官だったな」とは思ったものの、「どうしたらそのような裁判官にも伝わるかの工夫をさらに考えなければ」と思い、次の布石としてきた。

そこには「弁護士」「裁判」「法廷」「税法」といった、ある人にとってはあこがれの対象になるようなカテゴリーがあるのかもしれないが、わたしにとっては、トライ&エラーによって結果を出す確率を高めるための場でしかなかった。また、そのことは同時に行ってきたロースクールなどでの授業や多数書いてきた本についても同じであった。

弁護士をしていたころからずっと、「自分は子どものころから何も変わっていない。目立たなくて大人しい、パッとしない人間だなあ」と思ってきた。だからかもしれないが、よく「弁護士ぽくないですね」といわれた。最近も社会人の院生との飲み会で「弁護士のイメージが変わりました」といわれたので、「もう大学に来て4年になるので、弁護士ではなくなってきたのかもしれません」と返したが、それは弁護士のころからいわれ続けてきたことだった。わたしは仕事としてのモードが入らないと、あまり意見なども普段述べないので、いわゆるキレキレの弁護士像とは異なるのだと思う。

少し自分のことを書いたが、こうした経験の実感を抽象化して考えてみると、ものごとに対する強いあこがれは「勉学」などの集中を要する努力の引き金としては有効だが、日常的にやめない限り延々と続く職業生活においては、ない方がむしろよいのではないか、という考えに行き着く。

それから、何かのジャンルで仕事をすることは素晴らしいことだが、本当に専門家として立っていくためには、むしろ幅広く「人間の心」までとらえられるような、継続的な読書が必要だと思うし、ジャンルの垣根をこえたあたらしい何かを生み出そうと考えることも必要になると思う。

わたしは以前から、人がやっていることをするのが好きではなかった。まわりをみていて似たような人が出現してきたら、さっとそこから引いていく、ということを自然と行ってきた（身近で仕事をしてきた人には、もしかしたらわかるかもしれません）。

専門化が進み、ネット社会でカテゴライズまで細かく進み過ぎている現代社会は、とかく、ジャンルにとらわれたくない生き方をしたい人にとっては、息苦しいのかもしれない。

イベントのプロジェクトチームが立ち上げられたときに、「企画担当」「広報担当」「会計担当」などの役割が便宜的にふられていただけなのに、「あ、わたしは会計担当なので」といって、会計しかやらない人がいたとする。

しかし、会計担当の人も、アイデアを出して企画に参加すれば、より幅広い着想が得られると思うし、宣伝のアイデアを出してみてもよいだろう。

ジャンルやカテゴリーは、そもそも最初からあったものではない。それは手段であり、ひとつの役割として存在したに過ぎない。

その意味でも、同時並行は許されないと考えられてきた2つの役割（ポジション）を、同時にひとりでこなしてしまう大谷翔平選手の今後のメジャーリーグでの活躍が楽しみである。

このような話が「税法読書術」に関係があるのか、とあなたは思われたかもしれない。確かに関係はないかもしれない。わたしが伝えたかったのは、税法も読書も、ジャンルにとらわれ過ぎない方が深くなるのではないか、ということである。

10

本は「切り取る力」をみせるもの

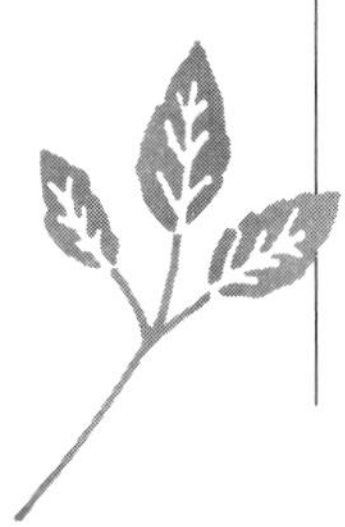

アマゾンなどには、読者が自由に本のレビューを書き込むことができる。商業販売されている本の感想を販売用画面にだれでもそのまま記入できるというのは、正直どうなのだろうと、個人的には思うことがある。

なぜかというと、大量にレビューがある場合にはよいが、レビューが少ない場合には、わずかに1人や2人の感想が、その本の販売に直結する可能性があるからである。

本書の版元から発売された本で『法律に強い税理士になる』（大蔵財務協会、2013年）という本があるが、この本は発売当初から売れ行きがよく、何度も増刷がされていて、じつは結構売れた本である。

しかし、アマゾンのレビューは従前から1つだけあって、こきおろされていた（なかなかへこみます）。著者からすると、本の内容とは異なる記述ばかりで、一般的な弁護士像に対する偏見が綴られたようにみえる。

これに対して、最近（といっても1年以上まえかもしれない）、もう1つレビューが記載された。今度は最初のレビューを批判するような内容である。しかし、このレビューにおいても、ひらがなが多すぎるなどの批判がなされていた。けれど、この本はリーダビリティを重視して「読み切ってもらえる本」としての工夫を凝らした作品であった。いわゆる分厚い税務本のように「どうみても最初から最後まで読み切る読者などいないだろう」という本に対するアンチテーゼなのである。そこで、小説のように「白っぽく」、そして「ひらいて」書くことが必須と考えた作品だった。

いずれにしても、こうした両者のわずか2つのレビューが平均されて、アマゾンの画面では、おすすめ度をあらわす「☆」が、わずかに2である（5が最大）。この本に興味をもってアマゾンで購入しようかと思った方は、この☆の少なさと2つのレビューを読んで、買い控えるかもしれない（多くの方は、そんなことはないかもしれないけれど）。

そう考えると、SNS全盛でツイッターでもFacebookでもブログでも何でも、自由に本の感想を公開できる世の中なのに、なぜ販売用サイトの画面に、だれでもレビューが書けてしまうのかという疑問が残る。GAFAの一角である世界的な巨大企業が行っている販売サイトなのだからもう少し改善できないのかと思う。しかし、このようなデメリットにもかかわらず、やはり自由に意見を書けることには意味があるともいえる。

さて、ここで言いたいことは、自著に対するレビューへの不平ではない。本の書き手として気を付けるべき点のことである。これは読む側でも留意しておくとよいと思うことである。

それは、本とは「切り取り方」の勝負だということである。たとえば、租税法の判例は数限りなくあるが、まずはおさえておくべき重要な100近くの判例を集めると、『租税判例百選』(有斐閣)になる。現在は100ではないが、重用基本判例を100程度に切り取っていることに意義があるのであり、改訂のたびに落とされる判例と追加される最新判例があるが、あれもこれもと考えて増やしていったら、「租税判例千選」ができるだろう。しかし、1000選になれば、判例のデータベースの方が全然よいことになり(数の点でも情報量の点でもデータベースには勝てないからである)、負けることになる。

税制改正が毎年あるが、1月、2月に刊行される税務雑誌や本は、その年の税制改正特集が多い。これもインターネットで税制改正大綱を読むのが、本当は1番正確である。しかし、長いしネット情報なので、これを切り取り読み物にしたものが特集され、それが実際に、読者に購入されて読まれるのである(税制改正大綱は無料なのに、である)。

税法の条文については、「e-Gov(イーガブ)」をネットでみれば、所得税法でも法人税法でも、どの税法でも基本的には施行されている現在の全条文だけでなく、未施行の公布後条文も読むことができる。これは施行令や施行規則でも同様である。通達についても国税庁のホームページで閲覧できる。

しかし、さまざまな税法の本が発売されており、それらはニーズのある読者に購入されて読まれることになる。同じ所得税法でも、わかりやすい入門的なものもあれば、通達の逐条解説もある。体系的に精緻な説明のある本もあれば、判例を中心にしたものもある。特定のテーマについて取り上げたものもあるし、一般向けに所得税の基本を書いたものもあれば、所得税の申告の方法について書いたものもある。

どれも、大元は所得税法などの法令であり、判例にも原文があるわけで、いずれも多くがネットやデータベースで読めるにもかかわらず、情報が限定された書籍が発売されている。

つまり、本とは「切り取った」ものなのである。

書き手からすると、知っている情報が多ければ多いほど、何を削るか、何を短くするかで、ものすごく悩むことになる。

こうして、与えられたテーマやページ数などから、取捨選択及び大胆なメリハリをつけることで完成するのが本である。

わたしも、本を書くときには、これまで幾度か100頁近くを原稿やゲラから削除したことがある。しかしその削除前の原稿やゲラも、すでに情報を絞っていたのである。

こうして削っていくと、必要なことが正確に伝えられないのではないかと危惧する人がいるかもしれない。おそらくそういう人が著者になると、正確を期すあまり、条文や判例を原文で読んでいるのと同じような無味乾燥な本ができあがるであろう。

そして、そのような本はそもそも必要がないのである。

そのことを本の書き手になると痛感することになる。刊行後には「面白かったけど、○○について記述が少なかった」とか、「わかりやすかったが、○○についてもっと説明が欲しかった」などと書かれることになるが、気にしていたら何も書けなくなるだろう。

優れた本の読み手になるためには、あるテーマを学ぼうとしたときには、基本に原典があることを強く意識することである。

そのうえで、その原典に直接触れるにはハードルが高いと自分が思っているからこそ、それを補助してくれる本の存在が必要になり、その本を参考資料として読もうとしていることを自覚することが重要である。

そして、あくまで参考資料なのだから、「参考」になる部分が1つでもあれば、購入した価値はあったと思うのがよい。参考情報を1冊だけで得ようとするのではなく、同一テーマの本をある限り読んだうえで、それらの1つ1つから有益な情報やその分野の考え方を学びとっていくという姿勢をもちたいものである。

実際にそのように心がけて本を読んでいくと、どの本も参考になるはずである。もしその本に自分の欲しかった情報がなければ、また別の本を探せばよいだけである。

「知っていることしか書いてなかった」とか「あたりまえのことしか書かれていなかった」というレビューもよくみかけるが、これまでの読書経験から「知っていることしか書いてなかった」本などみたことがない。細かな事実や最新の情報や、知らなかったエピソードやわかりやすい考え方など、自分が詳しい分野ほど「細かな未知の情報」に目が届くものである。

だから、「知っていることしか書いてなかった」などということがもし真実なのであるならば、そもそも本を買う必要がなかったことになるだろう。たとえば小学校1年生の算数の教科書を大人が買っているような状況であり、その本を購入した人の選択ミスだと思われる。ただし、小学校1年生の算数の教科書であっても、わたしなら「へえ、なるほど」と思うことがたくさんあるのではないかと思うのだが。

と、レビューをみるたびに思うのだけど、話を戻すと、すごいなと思う本は「切り取り方」が優れている。

わかりやすい授業をする先生は、ざっくりとメリハリをつけて話してくれる。そして、眠くなる授業は、教科書をそのまま棒読みしているものだった（ですよね）。学生時代の授業を思い出してみると、優れた本とは何であるかがわかってくるのではないだろうか。

なお、（2冊目以降の本を）30代前半から書いてきたわたしも、知識や経験が増え、どこを削るかに苦心するようになってきたときがある。

ちょうどそのころに40歳で大学教授になり、研究論文を書くようになったのだが、そのことがありがたかった。研究論文は、特定のピンポイントのテーマについて、正確にかなりの分量を丁寧に書くことが求められるからである。

そこでは内容の取捨選択ももちろん求められるが、本を書くときに比べたらテーマがそもそもかなり狭く絞られているため（また読み手も専門家が前提なので）、あまり気にせずどんどん書いていくことができる。

そのような日常のなかで一般向けの本をとなると、改めて切り取る力の重要性を思い知らされることになる。

切り取る力は、いつまでも磨き続けていきたいものである。それは複雑化する一方の税法を簡素に理解するための技術にもつながると思う。

11

夜型人間のススメ

子どものころから朝が苦手である。学生から「なんで弁護士になったのですか?」と聞かれると、いつも答えているのが「朝が苦手だから」(なんですよね)。そんなわたしがわくわくしながら読んだ本が、齋藤孝先生(明治大学教授)の『夜型人間のための知的生産術』(ポプラ新書、2017年)である。

カバーから暗めのグラデーションの黒が使われている。下の部分には「私も夜型です」という吹き出しつきの知的な齋藤先生の写真とともに、「静寂が知を育み　想像力を醸成する。」とある。「湯川秀樹、デカルトなど　天才は夜飛躍する」とも書かれている。

このカバー画像を、アマゾンでたまたまみつけた。齋藤孝先生の本が好きなので、著者検索をしていたのかもしれない。「おっ、これは」と思い、すぐに購入した。届いて読みだしたら、マイノリティの夜型人間(朝苦手人間)の心を、わしづかみにする内容であった。

本の紹介はあとでするとして、わたし自身の経験をいうと、必要な行事があって、たとえば旅行や、朝にしなければならない仕事などがあって、その予定にあわせて早起きをすることはできる。しかし定期的に、平日の月曜から金曜まで毎朝早起きをして同じ時間に家をでて学校や職場に向かう、という生活スタイルが全くダメなのである。

それは子どものころから顕著で、特に高校時代はそれが毎日の遅刻となってあらわれた。高校時代の成績表に記載された遅刻回数は、年に１００回くらいあったように思う。ただし、１限の授業に遅れたことはない。朝のホームルームだったか、出欠をとる時間に数分遅れが多かった。

大学生になると1限がある日以外は、朝の早起きの拘束がない。おかげで大学時代は、のびのびと過ごすことができた。しかし卒業して会社員になれば、朝が早くなる。実家住まいだったわたしは会社勤めの父が朝6時には起きて7時前には家を出る生活をずっとみてきた。そして、それは絶対にわたしには無理だと思っていた。

それでさまざまな職業の本を読んでいたら「弁護士は、朝が自由だ」と書いてある本に出会った。「これしかない」と思い、司法試験を目指した。

いまは大学教授になったが、齋藤先生と同じで、大学教員は朝にしばられない（前期には1限の法学入門の授業があるので、この曜日だけはまえの日に早く寝るようにしています）。

このような話をすると、早起き（朝好き）の方からはおしかりを受けるかもしれないし、「なにをなまけたことをいっているのだ」と言われるかもしれない。

しかし、齋藤先生も書かれていてとても共感したことなのだが、朝早く起きると、午前中がなかなか集中できずに、その日1日はなんとも集中力を欠くままに終わってしまうのである。これに対して、朝が早くなければ、わたしは次の日の朝3時から4時くらいまででも（ときには5時6時まででも）、ずっと集中して過ごすことができる。

ふだんは午前3時くらいまでは普通に起きている。論文のしめきり近くなどになると、朝4時、5時、ときに6時くらいまで書いていても、全然眠くならない。夜の12時に書き始めて朝の6時まで書いたときなど、結構な集中力を発揮できる。

ちなみに、こうした夜型の集中力は、朝が早くなければ、365日持続可能である。これに対し、朝起きる時間が6時とか7時とか早いと、極めて疲れた1週間となる。ものを書いたりする集中力も出にくくなるし、電車や家のソファで寝落ちしたりする。そうでなければ、起きている時間に眠くなることは1秒もない。

だから、わたしは電車で寝ている人とか、眠い眠いといっている人には、ピンとこない。たまたま出張などで朝がものすごく早かったときでも、夜の2時、3時と起きていても全然大丈夫だからである。ダメなのは毎日朝が早いという状態なのである。

それが高校時代だった。わたしは高校時代に成績がわるくて勉強ができなかった。

浪人をして朝が高校よりゆっくりになり、午後は授業も少なく自分の自由になる時間が増えた。そうしたら、毎日10時間以上勉強をしても、集中できるようになった。

この本のなかで、司法試験の受験時代にサポートしてくれた祖母の話を少し書いた。祖母とは大学時代に、毎朝じつは喧嘩をしていた。それはわたしが朝遅いだけでなく、朝食を基本は食べなかったからである。祖母は「朝は食べないとだめだ」と、わたしを毎朝のようにしかった。毎朝と言っても、起きるのが遅いわたしなので、そもそも朝ではないのだが。大学時代から朝ごはんは「りんご1切れ」しか食べない。

仕事をしてからもそうだが、「朝はりんご1切れ」が、わたしには一番快調である。昼も定食などのご飯は基本食べない。スタバなどのカフェで、サラダラップとかパンを1切れ食べるくらいである。

こうすると、午後に眠くなることはない。ちなみに人づきあいで昼に定食などを人と一緒に食べることが、年に数回くらいはある。そうすると必ずそのあと眠くなる。白米を昼に食べると眠くなり仕事の生産性が下がることは、わたしのなかでは100%正しい。

このようにわたしは起きる時間や寝る時間、そして食べるものや量をつねに自分のリズムにあわせて生活をしている。それができる弁護士になって以降は、仕事において（執筆も含む）、集中力を活用して、それなりのことを成し遂げることができたと思う。そのようなリズムの生活をさせてくれなかった高校時代は、本当にうだつが上がらなかった。

朝型人間の方は「早起きのすすめ」という。それがあう人がいることは否定しないが、本当にあわない人がいることは知って欲しいとも思う。

ちなみにこうした生活のリズムなどをつくることについてわたしは、ものすごく頑固である。弁護士時代からお昼はいつもひとりでスタバで本を読んだり原稿をチェックしながら、ソイラテを飲み、パンを1切れあいまに食べるという生活を貫いてきた。もっと時間が自由になったいまでは、スタバを研究室のように使っている。

「こんなにたくさんの論文や本をよく書けますね」とか「生産性がすごいですね」と言われることがある。おそらくそれらを継続できているのは、自分スタイルの生活リズムの頑固なまでの貫徹の結果だと思う。

この本を読んで、齋藤先生がわたしと同じ夜型であったこと（しかも午前3時に寝て、午前9時に起きると書かれていたが、わたしにぴったりの理想であった。大学の行事の関係で、わたしの場合は授業期間中は、午前3時に寝て午前7時〜8時までに起きることが多い。書き物などの仕事をしているときは、寝るのは3時を過ぎる）には共感した。もともとは上智大学の渡部昇一先生が、やはり朝が苦手で夜仕事がはかどると書かれていたのを若い時に読んでいて、自信をもってこのスタイルで生きてきた。

さて、齋藤孝先生は、この本によれば、もともと裁判官を目指していたが、朝の遅刻が許されないので無理だと思い、大学教授を目指したそうである。

そして、夜の素晴らしさについて、次のように書かれている。

「夜は素敵な時間です。世の中の多くが寝静まる、沈黙の時間。じっくり自分と向き合いながら、考えを深め、教養を身につけることができます。

……夜は、想像力が羽ばたく時間。人々は昔から、将来の夢や新たなアイデア、今後の展望、あるいは恋する相手のことについて夜に創造と妄想を膨らませ、それを原動力として生きてきました。こんなにも、知的好奇心と想像力が掻き立てられる時間帯はほかにありません。」（前掲書4～5頁）

齋藤先生は引用が上手な書き手であるが、『論語』にある「久しきかな、われまた周公夢に見ず」をあげている。「聖人」を指す「周公」が夢に出るくらいでないと本気ではないと指摘しているのだが、さらに自身の体験として1980年代の半ばに、毎晩ワープロでカタカタと論文作成をしていると、夢の中の会話がすべて「ワープロで打ち込んだ文字」としてやり取りされた、というエピソードも挙げている。

じつはわたしも、これと似たような夢をみることがある。たとえば、論文を書いている期間になると、夢のなかでパソコンの画面がでてきて、ずっと論文を書いている、ということがある。朝はなかなか起きられないのだが、それは夢のなかでも論文を書いているからである。起きてしまえば、執筆中の論文作成が止まってしまう。それで、起きられないのである。

冗談かと笑われるかもしれない。しかし、論文執筆中は、こういうことがある。夢のなかでは、本当は休みたいのだが。

先日も、朝の4時くらいまでゲラのチェックをしてから寝たら、そのまま夢のなかでもゲラのチェックをしていて、それを起きるまでずっとやっていた。

少し異常かもしれないので、世の中には、このように変わった人もいる、ということである（朝型の人と違い、決して夜型を人には勧めないのが、夜型人間の最大の特長かもしれない。この項のタイトルは、あくまでタイトルです）。

なお、この項を書き終えたいまは、パソコンの右下の表記によれば午前1時52分であるが、まだ寝るつもりはない。このあと何冊かの本を読む予定である。夜はだれからも邪魔されない。起きている限り、とても長いのである。

税法のような情報量の多い対象を極めていくためには、自分のスタイルを知り、それを決めて貫いていくことが、意外と重要なのかもしれない（少し言い訳です）。

12

六法の最近の改正（その1）商法編

六法といえば、まずは「憲法」「民法」「刑法」であろう。いわゆる基本3法である。司法試験受験生は「上三法《うえさんぽう》」という。さらに「商法」「民事訴訟法」「刑事訴訟法」がある。応用3法であり、同様に「下三法《したさんぽう》」ともいう。

法学入門の授業は、まえに言及したように、法学部1年生の前期必修科目である。わたしのクラスでは、まず「六法」について説明する。というより、まずは、受講生にあてて答えてもらう。憲法や民法などの上三法は出てくるが、下三法はなかなか出てこないことも多い。逆に、行政法とか労働法とか人によっては社会保障法とかを答える新入生もいて面白い。

現在の司法試験では、上記六法に「行政法」を加えた7科目が必修科目になる（わたしが受けた旧司法試験には「行政法」はなかった）。また、この7科目とは別に、さらに1科目を選択しなければならない（選択科目である）。選択科目については廃止の動きも最近あったのだが、反対もあり廃止されずに済むことになった。

選択科目には、税法（「租税法」という名称だが、意味は同じである）も入っている。2011年度から法科大学院の「租税法」の授業を担当してきたわたしは、自分が受けた司法試験にはなかった「租税法」という科目を、10年近く教え続けてきた。もともと税法を体系的に勉強したことがなかったので、このロースクールの授業担当をすることで、教えざるを得ないため自習して学んできた。

話を法学入門に戻すと、最初の授業では、弁護士や検察官、裁判官になることができる司法試験の受験科目についても、話すことにしている。その方が、法学部に入学したばかりの受講生にはあたまに入りやすいと思うからである。こうして、7法に加えて、選択科目の説明も始める。「行政法」以下になると、「○○法」という法律があるわけではなく、その分野の呼称に過ぎないものも多いことがわかってくる。

税法も、所得税法、法人税法、相続税法、消費税法などの総称に過ぎない。労働法や倒産法、経済法、知的財産法、環境法などの他の選択科目をみても、やはり法律名ではないものが多い。その際、司法試験の資料を引用して、それぞれの科目の試験範囲とされている法律名も紹介していく。

たとえば、行政法では、こんな感じになる。

「　行政法に関する分野については、実質的、理論的、体系的な観点から、『行政法』として一般的に理解されているものが範囲となる。具体的には、行政法の基本原理、行政手続法、行政不服審査法、行政事件訴訟法、国家賠償法等のいわゆる行政手続・行政救済法のうち基本的部分、行政機関の保有する情報の公開に関する法律等のいわゆる行政情報関係法のうち基本的部分、国家行政組織法、内閣法等のいわゆる行政組織法のうち基本的通則的部分等がこれに該当する。」（新司法試験サンプル問題）

このようにみていくと、「行政法」と呼ばれるものにはさまざまな法律があることがわかる。これ以上に、個別に法律の内容などを解説してしまうと、初回の授業としてはパンクするであろう。そこでイメージだけもってもらうことにし、法律と道徳の違いなどの話に入っていくことになる。ところで、触れないままに説明をしてきた六法の1つである「商法」の説明が、じつはかなり面倒である。

それは、六法の1つには「商法」がありますね、と説明しただけでは、現行法の解説としては法律家からすると、どうにも気になってしまうことがあるからである。

それは、商法の多くは、削除されてしまい、他の独立した法律として現在は存在しており、それらをまとめて商法ということになるからである。特にその中心である「会社法」が平成17年に制定され、商法からは会社に関する規定は削除されているため、実質でいうと、現在の商法（特に学習対象としての商法）は「会社法」といってもよい状況にある。

これは司法試験でも同様である。商法の問題は、実際には会社法から出題される。

といっても、司法試験は、わたしが受けた旧司法試験とは異なり「商法」という科目で試験が実施されるのではない。「民事系科目」の第2問として出題される。

司法試験の受験科目まで説明していくと、「民事系科目」としての民法（第1問）、商法（第2問）、民事訴訟法（第3問）に言及することにもなる。こうして、次に「民事系」というくくりについても説明をする。「民事系」には、民法、商法、民事訴訟法があり、「刑事系」には、刑法、刑事訴訟法がありますと。

いずれにしても、商法といっているものは、その実質は会社法といってもよい。しかし商法自体はいまでも存在している。ここが、やっかいである。

さらにいうと、明治32年（1899年）に制定された商法（商法典）に規定されていたもののうち、手形法が昭和7年（1932年）に、小切手法が昭和8年（1933年）に独立の法律として制定され、抜け出ている。これは戦前の話で、わたしの大学時代や司法試験受験時代もすでにそうなっていた。「手形・小切手法」という本や授業があって、「てこぎ」と学生から呼ばれていた。

その「てこぎ」（手形・小切手法）は、わたしの受験時代は商法の問題（論文試験）の2問のうち1問を占めていた。もう1問が会社法（当時は商法という法律のなかにある会社部分を俗称として会社法と呼んでいた）という慣例があった。しかし、手形・小切手を法的に学ぶ社会的ニーズの低下に伴い、ある年は出題がなく「商法総則」や「商行為」（いずれも商法）から1問が出題され、残りの1問が会社法という年も出現し始めていた。

合格から20年近く経過しているのに、そのころの印象がいまでも刻まれている。そのため油断をすると、そのころの状況で授業でも話してしまいそうになる。平成17年（2005年）の会社法制定は、弁護士になり3年ほどのころであり、当時ものすごく勉強をした（事務所内の勉強会や研修もさかんであった）。これは実務についてから学んだものとして印象に残っている。そこで「会社法は最近つくられたので、商法にはないんですよね」と言ってしまいそうになる。しかし、14年もまえのことは18、19歳の新入生にとっては幼稚園のころである。自分の感覚の「最近」は学生には最近ではない。

こうした感覚は、大学で授業をするようになって、意識するようになった。教える側の感覚としては「最近なんですよね」といいつつ、「でも、みなさんにとっては、○○のころですから最近でもないでしょうね」と修正をする。あるいは、そのようにいうといかにもおじさんぽくなるので、「最近」という主観的な言葉は排除して語る。そのどちらかにしている。

弁護士仲間と話すと、「平成生まれの子が」という人がいまでも結構いる。しかし平成はすでに終わっており、31年もあったのである。大学では、平成生まれどころか、今年の入学者は２０００年生まれである。

大学に来てよかったと思うのは、20歳以上離れた（いまでは25歳以上であるが）学生と身近に接する機会が日常になったことである。「いま」とか「むかし」という自分の世代の感覚で、主観的に物を語ることの曖昧さ（伝わらなさ）を実感するようになった。

商法に話を戻そう。

商法にはさらに続編があって、平成20年（２００８年）には「保険法」が制定され、商法の商行為を規定した編から保険に関する章も削除されている。

また、現代語化（条文の漢字ひらがな化。口語化ともいう）が六法で唯一果たされていない部分が残り続けていた商法に平成30年（２０１８年）改正があり、海商の部分などの漢字カタカナ（文語体）の条文が漢字ひらがなになった。これで、六法の現代語化がコンプリートされた（本書でも、この点は少し触れた。なお、手形法・小切手法はいまだに漢字カタカナであることにも触れた）。

法律家は、学生時代や受験時代の科目だけではなく、日々学び続けていかないと、あっという間に遅れることになるから、なかなか大変な職業といえる。

法律は専門化されている。税法であれば、毎年の税制改正は膨大である。判例も日々たくさん出る。そのすべてをキャッチアップすることすら至難であるのが現状であろう。これらは必要に応じてみていくことになるが、複数の税務雑誌の定期購読が（時間もなくゆったり毎月全部読むこともできないので、目次をみて気になるところをさっと読むことになる）これを支えてくれる。

民法改正などは、税法にも大きな影響を与える基本法の改正なので、税務雑誌でも大きく取り上げられ、記事も活発である。税法にからめた書籍の執筆などもやっていれば、自ずと改正法を勉強せざるを得なくなる。民法改正は、税理士の方への勉強会や講演などで話をすることもあり、強制勉強の機会がわたしの場合はある。

しかし、それ以外となると、どうだろう?

このたび、『現代商法入門〔第10版〕』（近藤光男編、有斐閣、２０１９年）という、いま挙げた商法すべてをフォローしながら、３８０頁にコンパクトにまとめられた概説書を購入した。全ページを通読したのだが、とても勉強になった。とくに「商行為」の章では、さまざまな特別法が紹介されている。割賦販売法、特定商取引に関する法律、消費者契約法、金融商品の販売等に関する法律、電子署名及び認証業務に関する法律、電子消費者契約に関する民法の特例に関する法律、特定電子メールの送信の適正化等に関する法律などである。受験時代には教科書になく、司法試験合格後に制定されたり、法律名が変わったりして、ニーズが増したもので、実務家時代には実務として触れてきたような法律（特商法などが懐かしい）が「商法」の入門書に説明されていた。

ところで、わたしは本を読み終えると、マイブック（新潮文庫）の読み終えた日の年月日の空白に、著者名とタイトルを記載している。目次の月（1月～12月）の下には、その月に読み終えた本の合計数も記載し、大晦日を過ぎたら1年に読んだ本の合計数を書く。こうして、翌年には、新しく購入した別のマイブックにうつる。

もう10年以上前から継続しているのだが、この読書日記ともいうべき記録には、法律書は記載していない。このたび、通読した『現代商法入門』も記載はしなかった。

読書は味わうものと思っている。仕事の対象である（あるいは受験時代には勉強の対象であり、読書という感覚はなかった）法律書は、個人的には「本（書）」を「読む」ものではなく、「調査（リサーチ）」として、専門知識を「仕入れる」対象と思っている。

しかし本書では「税法」を深めるために何をどのように読んで考えるべきかという

テーマで、「読書」を広い概念として捉えている。税法を究めるためには、基本六法もアップデートしていかなければならない。

13

カフェでたまたま会った人とのお話し

入試監督の業務が終わると、数日まえにいただいた「法人税法」の本の分厚いゲラをチェックするべく、大学近くのカフェに行き、コーヒーを飲みながら作業を始めた（このカフェは、本書の原稿完成後に閉店になった。残念です）。

同時並行でいろいろするタイプなので、いつもかばんに入れている村上春樹の小説（文庫）などもテーブルの上には数冊置いておくのが常態なのだが、実際には置くだけで読まずに終わることも多い。

とくにゲラのチェックがあるときは、論文でも本でも集中してみているとかなりの時間が経過しているので（気がつくと、日が暮れていたりする）、広げた本を読まずにかばんに入れなおしてカフェを出るということもあるし、マグカップに9割ほど残されたままコーヒーが冷たくなっていることもある。

さて、法人税法のゲラのチェックに没頭し始めて少し経ったところで（少しといっても1時間くらいは経っていたと思う）、来店した男性から声をかけられた。

「あ、木山先生」

「おー」声を返すと、そこには勤務大学の博士後期課程（ドクターコース）の税法の院生がいて、友達らしき男性と二人でにっこりと微笑んでいる。

どうやらその連れの男性も他大学の大学院で税法を研究している博士後期課程在籍

中の方のようである。仕事もされているようなのだが、関西から出てきたところで二人でお茶をするタイミングだったという。

以前からの友達かと思いきや、1か月ほどまえに税法の研究会で知り合ったばかりということであった。「お名前存じ上げています」とその連れの院生からフレンドリーに話しかけられたので、「どんな研究をされているんですか?」と聞いてみる。税法の論文などの話題に移行し、そのまま話が弾んでしまった。

二人とも飲み物の注文もしないで立っていたので、隣の席に座ってもらうよう促した。わたしの知り合いの院生が飲み物の注文にレジカウンターに向かったあとも、「論文はしかし大変ですよね」などと話していると、ある拍子にその院生が「あ、先生。村上春樹、お好きなんですか」といった。

法人税法のゲラのチェックをしていたところだが、確かに読まないまま村上春樹の『1Q84』(新潮文庫)のある巻の背表紙だけが横からみえる状態になっていた。

村上春樹の小説は何度も読み返している。ブックカバーはつけていない。ボロボロで中身はマーカーだらけなのだが、人から村上作品を読んでいることを知られるのがじつは苦手である。村上春樹は、こうしていま文章に書いているだけでも落ち着かなくなる特殊な作家だからである。そこで表紙を下に向けたり、上に別の本を置いたりして隠す癖がわたしにはある。その方は青色の背表紙で、瞬時にみつけてしまったようである。

「あ、好きなんですか。あなたも」と聞くと、やはり彼も村上春樹がとても好きだということ。それで、いつの間にか今度は村上春樹の話で盛り上がり、わたしの知り合いの院生がマグカップを2つもって戻った後も（おそらく初めて二人はカフェで話す機会だったと思われるのだが）、ずっと村上春樹の話が止まらなくなってしまった。

これは悪いと思い「では、わたしはそろそろ」と切り上げ、お店を出たことで、ようやくその二人は本来予定された話をできたようだった。

そのときに聞いたのは、ある有名な租税法学者もじつは村上春樹の小説が好きで「その先生とも村上春樹の話をしたことがある」とのことだった。

この項では「村上春樹」という作家名を何度も挙げたが、わたしは村上春樹という人物が好きなのではない。村上春樹の書いた文章と小説が好きなのである。

かなりの中毒だと自覚しているので、人知れずこっそり読んでいるつもりだったのだが、好きな人は敏感にみつけることがわかった。考えてもみたら、わたしも村上春樹の本は書店などでもすぐに見つけることができる。先日も、そろそろ『騎士団長殺し』（新潮社）の文庫版が出るころではないかなと（四六版が出たのが2年前だったので）、アマゾンで検索してみたら、文庫版が2月末に発売されるのが出ているのをみつけた（もちろん発表後には、すぐに購入した）。

絵画をモチーフにした面白い小説だが、構造はだいたいいつも同じである。地下に潜るし、現実の世界に非現実の世界が錯綜するのだが、読んでいると「人生ってそういうものだよな」と共感してしまう。

人には村上春樹を不用意に勧めないようにしているのだけど、ある小説を読んで面白かったという人をみかけたときには、「次はこれがいいよ。その次はこれね」と教えたくなってしまう。ちなみに、２０１８年には『世界の終りとハードボイルド・ワンダーランド（上）（下）』（新潮文庫）と、『ねじまき鳥クロニクル（全３部）』（新潮文庫）と、『海辺のカフカ（上）（下）』（新潮文庫）を読んだ。といっても、どの小説も3回以上は読んでいるので再読なのだが、毎回新鮮で発見がある。

『世界の終り……』は、２つの世界が交錯する物語である。村上ファンのなかでは傑作との呼び声が高い作品の１つである。最初の数回くらいでは面白いとは思ったが、その本当の良さはあまりわからなかった。もとより喪失をテーマにした『ノルウェイの森』（講談社文庫）が最高傑作だと30代のころはずっと思っていた。それとは真逆の明るくポップでありながら何度も読まないと時系列などの理解が難しいデビュー作

『風の歌を聴け』（講談社文庫）も、イチオシの作品だった。しかし、昨夏、たまたま旅行中に広島駅近くの窓から路面電車がみえるのどかなスタバで、ひとり『世界の終り……』のラストシーンを読んだとき、ハッとなった。人の心の喪失と失われた心をもちながらも生き続けることの悲しみを描いた物語だったのではないかと思えたのだ。40代も半ば近くなり、いつの間にか物事に動じなくなった。そのこと自体はよいのだが、感情が動くことも少なくなっていた自分にこのとき気づかされた。

『ねじまき鳥……』は、冒頭の電話のかかってくるシーンや、パスタや、レモンドロップが印象的な物語である。戦争をモチーフにした残虐なシーンもあるため、好みが分かれるだろう。この物語は井戸のシーンが印象的だが、やはり読むたびに、歴史の集合的記憶などのことに想いがいたる。それとは別に登場人物のいきいきとした姿が面白く、後の『1Q84』（新潮文庫）に登場する牛河が出てくると、『1Q84』をまた読みたくなる（そして、この原稿を書いているいまも、『1Q84』を読んでいる）。

『海辺のカフカ』は、独特な世界観のある作品である。カラスと呼ばれる15歳のカフカと、小学生のころの事件をきっかけにかたことの言葉しか話せなくなったナカタさんのそれぞれの物語が交錯する。カーネル・サンダースやジョニー・ウォーカーの登場があり、ナカタさんと猫との会話のシーンがコミカルである。最初の数回はそのあたりがユニークと思っていたが、何度も読んでいると物語の深さが違って見えてくる、不思議な作品でもある。今回はとくに、下巻の終わりの方のカフカ少年が二人の男にある場所に連れられて行き、また戻ってくるシーンに衝撃を覚えた。

と、語りはじめたら止まらなくなる。村上作品は、とにかく深い（あ、これでは勧めているみたいな感じになってきましたね）。このあたりでおしまいにして、次は民法の話をしよう。

わたしは小説でも何でもピンクのマーカーを塗りながら本を読むクセが昔からある。司法試験の受験時代はオレンジマーカーだった。司法研修所でも同じように白表紙と呼ばれる司法研修所刊行の白い本（教科書）にマーカーを塗りたくっていたら、それをみた同じクラスの司法修習生から、マーカーなんか塗ってどうする（マーカーとは大事なところに塗るもののはずだが、おまえの本はマーカーだらけでバカっぽい）みたいなことを言われたことがある。余計なお世話とはいえ、そのときは何も言い返せなかった。

いまでも、判決文でも小説でも何を読むときでも、ピンクマーカーを塗りながら読む。村上春樹の小説には、見開き2ページがすべてピンクで塗られているものもある。

そもそもわたしは「覚えるためにマーカーを塗る」のではない。文章を集中して読むために塗るのである。人に勧めるつもりも全くない。だれかから教わった読み方でもなく独自のものである。しかし、文章をほんとうに書き手の視点に立ち一言一句を集中して読もうとしたら、わたしにはどうしてもマーカーが必要になる（カフェや電車の中で、もしそんな変わった人をみかけても、放っておいていただけると助かります）。

そもそも人のやり方は、気にするものではないと思う。他人からどうみられるか、どういわれるかなども気にする必要はないだろう。

と、司法修習時代に同期からバカにされた方法を、わたしはいまでも気にせず実践している（そして、今日もピンクだらけの本を堂々と電車のなかで読んでいます）。

『1Q84』には、天吾という予備校で数学を教える男が父親（痴呆症が進んで死期間近である）から入院先の病院（猫の町）で、「説明しなければわからないことは、説明してもわからない」と言われるシーンがある。このシーンを含めた、父親との最期までを描いたシーンはとても印象的で、さすが村上春樹と思う場面の連続である。この「説明」の話だと思った方がよいことは、世の中には多々あるだろう。

そしてこれはひとつの比喩であり例でもあるのだが、他人に何かを指摘してくる人というのは、他人のことが気になりすぎているのかもしれない。同時に他人から指摘されたことや指摘されることが気になってしまい、自分の行動などを躊躇してしまう人も、他人のことが気になりすぎているように思う。

説明ができてなくても、わかってもらえなくても、自分の信じることを気にせず続けていくことは、意外と難しいことなのかもしれない。そんなこだわりが、あなたにもあるのではないだろうか。さて、民法へ。

14

六法の最近の改正（その2）民法編

かつては違憲判決など、めったに出ないものだった。法改正についても検討はされるものの基本法が変わるためには議論を重ねなければならない、つまり「法改正はなかなかされないもの」、というのが、日本における法の世界のイメージだったと思う。法学部で法律を学び、卒業後も司法試験の勉強をしていたころにわたしが感じていたことである。もちろん「法改正は全くない」というイメージではない。実際、在学中に刑法の現代語化があった。民事訴訟法は大改正というより新法の制定がなされて、現代語化されるだけでなく条文番号も変わった。

司法試験の勉強をしているころにも、民法の小さな改正はあった。禁治産者、準禁治産者が、ノーマライゼーションの観点から、成年被後見人、被保佐人に変わるなどの改正である。余談であるが、先日、研究室の引っ越しをした。その引っ越し作業をゼミ生男子たちが手伝ってくれた。法曹志望のゼミ生はわたしのもっている本などにとても興味を示し、段ボール詰めの作業をしながらも一つひとつの本や資料にも目を通していた。それで、司法試験受験時代のわたしのテキストが出てきたのだが、「きんじさんしゃって何ですか?」と言われた。一瞬「え?」と思ってしまったが、彼は成績は学年トップの首席であり、ものすごく勉強をしている優秀なゼミ生である。

大学に入り最初に覚えたに等しいくらいの言葉が「きんちさんしゃ」だったわたし

たちの時代と異なり、とうの昔に（平成12年改正だから2000年に）変わっており、考えてもみれば彼にとっては知らなくてあたりまえのことであった。

話がそれたが、わたしが司法試験に合格したあとの平成16年（2004年）に民法の財産法部分がようやく現代語化された。しかし内容の改正はほとんどなかった（保証契約の書面化などの改正はあった）。要するに、基本3法はまず変わらないというイメージがあったのである。

憲法も時代に即して本格的な改正がなされるべきときを迎えている。と、個人的には思っている。しかしこちらは国民投票もある。法律よりも厳格な改正手続がまっているから、なかなか実現しない。

しかし、税法に関連して考えると、アメリカの所得税は制定後に、連邦最高裁判所で違憲と判断されて、効力を失ったところからスタートしている。どうしたかというと憲法を改正して、合憲化してからあらためて所得税をつくったのである。

憲法はかんたんにはいじらない方がよいという基本スタンスは、もちろん維持されるべきである。しかし憲法についてだけ条文を変えることを怠り、「解釈」で柔軟にやっていこうという発想はそろそろやめにした方がよいと思う。

憲法9条の文理にも制定当時の趣旨にも反する強引な解釈で自衛隊を合憲化しよう

とするアプローチは、大学時代からものすごく違和感を覚えていた。最高裁でも租税法律主義が貫徹される方向にある税法（武富士事件の最高裁判決を参照されたい）を専門にしていると、そして税法をやればやるほど、憲法だけが条文の文言などあってないに等しい「次元の違う世界」に取り残されているようにみえる。

法学部で最初に勉強するのが憲法である。条文の解釈としてとりうる自然なものが通説であるような論理を教えられない状況は、混乱と法学に対する不信を招くだけではないだろうか。

さて、民法の改正は、平成29年（2017年）の債権法改正でようやく大改正がなされたと思ったら、翌年の平成30年（2018年）には、相続法改正がなされ、成年年齢引下げの改正もなされた。

これらの改正により民法は改正ラッシュとなる。民法を基礎にする税法もこれにあわせた改正が迫られる。実際、相続法改正と成年年齢引下げの改正法は、相続法の自筆証書遺言の様式の緩和以外は（原稿執筆時には）未施行である。それにもかかわらず、（2018年の）年末に『基礎から学べる租税法』の改訂作業で、相続税・贈与税の章を担当しているわたしは、その改正を踏まえた加筆修正を求められた。

配偶者居住権の創設など、税法にも大きな影響を与える改正であったが、民法はさらに改正が検討されている。特別養子縁組の対象年齢の改正、そしてまたもやであるが相続法の改正である。

これまで、税法と民法の違いとして、大学の授業などで、わたしは次のように説明してきた。「税法は租税法律主義が基本的に徹底されており、文理解釈が原則です。そうでない解釈は、原則として行われません。なぜなら、税法は毎年改正があるので、不都合なら改正すればよいからです。現に武富士事件のような租税回避の事例でも、最高裁は住所の概念をねじまげるのではなく、法改正で対応すべきといっており、実際に改正されています。これに対し、民法は滅多に改正がされません。だから、文理解釈だけでは妥当な解釈ができず、また当事者間の利益調整の法なので、杓子定規な解釈ではなく、常識に沿うような解釈が行われることも多いのです。類推適用はもちろん、２つの条文を使ってしまうアクロバティックな重畳適用すら民法の判例にはあります」と。

しかし、民法もいまや改正ラッシュの時代である。たずさわる専門家は、改正法を勉強し続けなければならない。

税法をやっている人間には、毎年たくさんある改正法を勉強するのが好きな者がもともと多いように思う。

明治時代に西欧の法を導入した日本は、簡文主義を採用し、あたりまえのことは条文には書かないこととした。日本ではルールは簡潔な方がよいという理屈である。そのため、法学部で法学を勉強すると、条文には書かれていない原理原則などを勉強することになる。それが法律の勉強の前提となってきた。

いまは違う。会社法制定のころから、条文に基本は書き尽くすようなスタンスが採用された。民法でも債権法改正で、判例法を枝番号をつけて増やした条文に書き込むスタイルが採られた。

税法ほどではないが、基本法も条文がどんどん増えて、長くなる傾向にある。そのなかで超然と短い条文を保っているのが、憲法と刑法である。

もっとも、刑法には改正もある。最近では、性犯罪についての改正がなされた。強姦罪の被害者に男性も含めて、構成要件も拡大して厳罰化がなされた。犯罪名も、強制性交等罪に変わった。新聞報道等では、かつては強姦罪を婦女暴行とやわらげて報道していた。しかし、この改正後はそのまま「強制性交罪」と報道している（テレビをみる子どもがどう感じるかが気になるところです）。

個別の罪（各論）については、ほかにも交通事故の厳罰化などの改正もされてきた。他方で、犯罪の根幹部分である「総論」については、手がつけられていない。その意味で、刑法ではしっかりとした「理屈」が、基本思考として堅持されているように思う。

しかし、さまざまな部分を改正し続けていくと、こうしたその法律の基本思考としての「理屈」が、か細くなってしまう危険もある。

税法では、所得税法に顕著で、配偶者控除や基礎控除に収入制限を導入する改正が近年なされたことで、その理屈から条文の説明がしにくくなった。理論が政策に押され、後退していると思う。課税最低限という理屈がねじまげられ、妥協の改正がなされてしまった（これでよいのですかね）。

15

小休止のススメ

面白いタイトルの新書を春休みに読んだ。最近テレビに復帰し再び人気を博しているタレントのヒロミと、サイバーエージェント社長の藤田晋さんの共著である。同じテーマで交互に、二人の話が進んでいく本で、構成もよくできていた。ヒロミというと、中学、高校時代によくテレビでみた。その印象が強い。その後、テレビに出なくなっていた時期を「小休止」ととらえているこの本は、ヒロミファンでなくても、知っている人の体験を聞くようでリアルにイメージができる。

バラエティー番組の司会などで引っ張りだこだったなかで、テレビの仕事をやめ、ジムの経営という新しい仕事にトライしたのには理由があったようである。この本には、次のように書かれている。

「潮が引くように出演番組が終わっていったとき、世間から、スポンサーから、『タレント・ヒロミ』が求められなくなっている感を強く感じていった。……その先に待っていたのは、支えてくれた番組スタッフからの『ヒロミさん、つまらないから芸能界に席はないです』という最後通牒だったとも思う。

求められていない感の中であがいて、しがみつき、『引き際を間違えた』と言われるよりも、自分の意志で線を引くことを選んだ。誰にも相談せずに決めた。」

（ヒロミ＝藤田晋『小休止のすすめ』（ＳＢ新書、２０１９年）52頁）

迫真性があり、衝撃的な文章である。わたしはこのくだりに惹かれて、この本がとても好きになった（このフレーズは、同書のなかで何度か繰り返し登場する）。最近では、人気アイドルグループ嵐が２０２０年12月をもって活動休止をするとのニュースがあった。第一戦で活躍し続ける人ほど、人生どこかで「小休止」をして、自分をみつめ直す機会が必要なのかもしれない。

わたしはこの原稿を執筆しているいまは44歳だが、もうすぐ45歳になる。初めて本を出版したのは早かった。27歳のときで、２００２年の3月末だった。それからすでに17年の年月がたち、単著だけでも50冊以上ある。本書で55冊目になるが、共著や監修などは除いているので、それらをあわせれば70冊以上の本を書いていると思う。

読書が好きなので、自分の書いた本にはあまり興味がなく、全冊が並ぶ本棚も持っていない。自宅にも実家にも研究室にも本棚はあるが、自分の本を全冊並べるような趣味はない。先日、大学の研究室を引っ越す機会があり、本棚が増えたので、初めて自分の本を1冊ずつ並べてみた。しかし、足りない本も数冊はあって、結局自著の全冊ラインナップは挫折した（ちなみに人にみられるのも恥ずかしいので、目立たないところに並べてあります）。

1冊目を書いたのは司法試験の合格直後である。合格したあとの1か月を使って300頁以上の原稿を書いた。翌年4月1日からは司法修習がスタートしてしまうため、3月末までに刊行する必要があった。12月の1か月ですべて書くと決めていた。この1か月は徹夜した日も多々あった。しかし残念ながら、記念の処女作は増刷すらかからなかった。

その後、弁護士になって実務経験をそれなりに積んでから、2008年3月に『小説で読む民事訴訟法』（法学書院）という小説を刊行した。これが2冊目である。そのあとの10年で、50冊の本を書いたことになる。

4年前に大学に来てから、研究論文の執筆に力点が置かれるようになった。また大学及び大学院の業務にとても時間をとられるため、ほとんど書き下ろしが書けない状態になってしまった。それでも連載をまとめたものや、過去に書いた未公開原稿や、改訂版や、録音して書いたものなどにより、ペースはかなり落ちたが、本の刊行は続いている。

小休止との関係でいうと、2008年以降は弁護士業務をするなかで、本の執筆もしていた。そのため、まとまった休みであるゴールデンウィーク、夏休み、冬休みに必ず複数冊の本のゲラを抱えるはめになっていた。旅行に行っても、ホテルやその街のカフェでずっとゲラをみているといった状況である。

そんなことを何年も続けていて、あるとき（数年前だが）、これでは身体がもたないと思い、休み期間にはゲラを持ち込まないようにした。

リフレッシュ期間を設けるにようにしたのである。それで何をするかというと、読書が好きなのでホテルやカフェでずっと本を読むのである。本は書くよりも、読む方が断然楽しい。

書くことも好きなのだが、読むことの方がはるかに楽しむことができる。

本を書くことには、作品が生まれる達成感がある。そのためか、逆に完成した際には、そこに投入した時間と、繰り返しのゲラチェックによって、心がすりへっていることが多い。書くことで楽しむことは、難しいのである。

これは結局、読者のための仕事だからであろう。

そういう意味でも、書くことをしない（読むことで楽しめる）「小休止」の期間が心を休めるためにはどうしても必要になる。

そんなことを考えた。しかし、ヒロミも藤田さんも、実際にはバリバリ働いている。

休みなどほとんどない日も多いであろう。

そんなイメージなのだが、ヒロミは休みの日に藤田さんなど若い会社経営者と釣りに行ったりするという。なかなかタフである。

体を動かさないとなと思いつつ、わたしはどうしてもカフェで読書という、身体を動かさない趣味しかもっていない。

小休止というテーマと読書との関係でいうと、弁護士時代に比較的長い間、入院をしたことがある。

このときに、わたしは本を読む習慣が身についた。よく経営者など大人物の本を読むと、若いころに大病して入院中に大量の本を読んだというのがある。わたしもこれをじつは30代前半にやっている（大人物ではないですが）。2か月半近くの入院で、仕事をしてはいけない状況だったので、あらゆるものから解放され、ひたすら本を読んでいった。

そのときにわたしが好んで読んだのは、伝記ものと、医師の書いた健康ものと、文学作品である。伝記ものからは、それこそ成功者の多くが若いころに大病している例が多いことを知った。それをきっかけに読書に目覚めたのだが、その後彼らは健康に留意し、かえって長生きした例が多いことも知った。１００歳まで現役だった日野医師や、94歳まで生きた経営の神様松下幸之助などの本を読んだ。お二人も病弱だったのに長生きであった。医師の書いた健康ものの本は、自分が病気で回復しないといけないので関心が向き、医学の知識をたくさん吸収できた。

しかし、もっとも楽しめたのは文学作品だった。古めの小説をたくさん読んだ。日常の仕事ややるべきことなどから解放されたからか、どっぷりと物語の世界にひたることができた。

それまでのわたしはいわゆる文学作品を途中で投げ出してしまうことも多く、読書に向いていないのではないかと思ったときもあった。しかし入院生活のおかげで、没頭する時間があればしっかりと本は読めることがわかった。

入院中は本当に何もすることがなかったので、ある1日など、7時に目覚めてから翌朝の7時まで一睡もせずに、ベッドでひたすら本を読み続けたことがあった。

また、新聞についても当時は苦手意識があったのだが、その日の朝刊も夕刊も全ページの全文を1日で読むことを、病床で1週間くらい続けたこともあった。

この経験を通じて得たことは、新聞は全文読む必要は全くないということである。おかしな話であるが、読もうと思えば読めるということがわかった。以前は新聞にコンプレックスをもっていた。全部読んでも仕方ないものであるとわかってからは、読もうと思えば読めるけれど、必要なところをさっと読むことの方が重要だと思えるようになった。

こうしてわたしの30代前半の小休止は、その後の人生に大きな力を与えてくれた。読者の方も、思いもかけない小休止をせざるを得ないことがあるかもしれない。

それは会社を辞めることなど、大きな転機かもしれないけれど、滅多に得られない小休止がきたときには、その小休止にきっと意味があると思う。

本には行間からにじみでる深みがあることを、入院中の読書経験からわたしは知った。そして本が人の救いになることも、実感することができた。

入院をしていたのは、2005年の9月下旬から12月中旬である。紅葉をみることが人生で初めてできなかった。この悔しさがあって、四季折々の自然をみることができる素晴らしさも知った。

小休止というのは、自分の意志からではない、外部からのきっかけによる場合が多いかもしれない。しかしそこには、きっと次への飛躍のヒントがある。

そこまでのものではなくても、コンスタントに休憩をすることも長い人生にとっては大事なのかもしれない。わたしはとかく没頭すると休まずに何時間でもそのことに集中してしまうタイプである。原稿執筆にも、小休止が必要かもしれないと思いながらも、没頭してしまう。あなたは、どうだろうか。

いずれにしても、複雑な税法に取り組んでいくためには、根気と集中力が求められる。長くたずさわっていくためには、意識して、税法を読む際にも、休憩をとることが必要になるだろう。

16

六法の最近の改正（その3）会社法編

4年前に原稿を書き終えていながら、諸々のタイミングがあわずに出版されないままになっていた「法人税法」の本が、ようやく刊行されることになった。

この春休みにゲラのチェックをしていたのだが、法人税法の改正はこの数年だけでも多岐にわたる。2年前に原稿をリニューアルしていたものの、その後の2年でも多くの改正があった。そのため、ゲラチェックの際には改正法に条文を変え、解説も書き換える必要があるものが多々あった。

法人税率は、アメリカと日本が高いが、日本は徐々に低くなりつつあるという原稿だった。しかし今回の修正時には、日本はもちろん、アメリカの法人税も諸外国並みに落ち着いている段階になっている。そこで、過去の経緯として紹介するものに変えた。

平成30年改正の収益認識の基準についても大幅な加筆が必要と考え、その章に補足を載せることにした。

役員給与についても、平成29年改正で、利益連動給与が業績連動給与に変わった。これにとどまらず、リストリクテッド・ストックの導入など細かな改正が毎年のように行われている。平成18年改正で定められた役員給与の規定は、もともと理解しやすい条文ではなかった。しかし中身をおさえれば、それなりに整理された条文ではあった。それがいまでは改正に改正が重ねられ、条文を読んでもなんのことやらさっぱりわからない難解なものになってしまった。

という話は、また別の項で触れるので、今回は法人税法の前提になる会社法の話をしたい。

会社法は平成17年に商法から独立して制定された法律である。もともと商法のなかにあったことから、分野としては制定前から「会社法」と呼ばれていた。いまでは、独立した法律としての地位がすっかり確立された。法学部の学生にとっても、法科大学院の学生にとっても、難しいと言われることが多い科目になっている。

その理由を考えると、条文の数が多く、１つの条文もかなりの長さになっていることが挙げられると思う。しかし、それだけではないだろう。

会社法が規定しているルールそのものが、学生にとっては身近ではない。そのため、刑法のようなイメージのしやすさがない、ということもあると思われる。

株主総会を開催して、株主に招集通知を送付するであるとか、その総会で何を報告して、どんな事項について、どのような要件で承認を得ればよいのかであるとかなどは、会社担当者にとっては目のまえにある「重要な仕事」である。

しかし、会社法を「法律科目」の１つとして学ぶ学生にとっては、その必要性や重要性には思いがいたらない、というのは一般論としては仕方がないと思う。

民事訴訟法でも同じことがいえる。裁判にたずさわる人にとっては極めて重要な手続のルールを定めた法律でも、これを「法律科目」の1つとして学ぶ学生には無味乾燥にみえる。そこで、旧来から「民訴《みんそ》は眠素《みんそ》」といわれてきた。民訴はつまらないので、勉強しているだけで眠くなるということである。

司法修習時代に裁判所に勤務しながら裁判実務をみて、また弁護士になって実務を扱ってきて、民事訴訟法は面白いということを伝えたくなった。こうして『小説で読む民事訴訟法』（法学書院、2008年）という小説を書いた。この本がそれなりに（10年以上たったいまでも）売れているのは、イメージがわき、勉強する重要性が感じられるからではないだろうか。

この点で、会社法について考えると、いまはとてもよい基本書が発売されている。田中亘『会社法』（東京大学出版会）である。現在は、第2版が発売されている。この本は無味乾燥にうつるかもしれない会社法について、リアルに社会との接点というか、具体性を追求している。

司法試験の受験時代に最も理解が難しかったのが、計算部分である。論文試験にはあまり出題されないのだが、わたしが受けていた旧司法試験には最後に口述試験もあり、この口述試験では計算も聞かれるといわれていた。論文試験を終えた夏休みには、論文試験に受かったときのために口述試験対策として、計算部分の勉強もした記憶がある。といっても、ほぼ強引に暗記するやり方を採用していたように思う。

計算部分については、定時株主総会で報告しなければならない計算書類等が登場する。その意味は会社法（当時は商法）の基本書を読んでいてもあまり実感ができなかったように思う。現代は情報開示（ディスクロージャー）の時代である。さまざまな情報開示制度があることを学ぶなかで、会計報告の必要性がわかるのかもしれない。

そこまではわかったとしても、次に計算書類のイメージがわくかというと、やはり疑問である。しかし、この田中会社法は、計算部分についても簿記や会計の理論に触れながら最低限ではあるが、具体的に読者がイメージをもてるように、橋渡しをしている。

橋渡しという作業は、法学の各分野の入門書や体系書でとても重要性を増しているように思う。今回、法人税法の本の刊行にあたり、ゲラをチェックしながらその重要性をあらためて感じた。

法人税は、会社法のルールに基づき確定した決算により計算されることになる。他方で、法人所得の計算は、一般に公正妥当と認められる会計処理の基準に従うことになるのが原則である。

こうして、法人税法を学ぶにあたっては、1つは会社法、もう1つは会計との接続が感じられなければならない。ところが、この各分野への橋渡しをすることがじつに難しいのである。

明治大学教授の齋藤孝さんは、同じ分野の体系書を大量に読むことが専門知識を得るためには重要であると、『読書する人だけがたどり着ける場所』(SB新書、2019年)で述べている。わたしたちも、たとえばあなたが税の専門家であるとしても、さまざまな隣接分野を積極的に独習して学んでいく必要があると思う。

そのときに、最近はとてもわかりやすく具体的な体系書が、この田中会社法のようにあることを知ると、これまであまり深く勉強をしていなかった隣接専門分野の学習もはかどるのではないかと思う。

「税法読書術」として何がいいたいかというと、自分が勉強をしていたころの学生時代や受験時代の感覚でとらえるのではなく、いまはもっと素晴らしい本がたくさんあることに目を向けよう、ということである。そして学生に戻った気持ちで、分野ごとに刊行されている体系書や基本書や入門書を購入してみることである。

それを夜の1時間、あるいは30分でもいいから、少しずつ時間を投入してひとり読んでいく。そうすれば、税法に限らず新しい知識や体系が得られるだろう。いまを知るためには、過去の感覚や古い知識は捨てることが重要である。

わたしの学生時代や受験生時代には、田中会社法は存在しておらず、このような本があればよかったなとは思う。よく聞く感想として「○○のころに、この本に出会っていればよかった」というのがある。しかしそれはじつはおかしくて、出会ったいまが勉強しどきなのである。

一般にみられるこうした感想は、その本についてはもうわたしは熟知しているという前提がかいまみられるのだが、本当にそうだろうか？

と、胸に手をあてられるようになると、あなたも、まだまだ成長の可能性がある初学者と同じように、ものごとを吸収し続けられるだろう。

関連分野の学習においては、税法について考えていると、有斐閣アルマシリーズが強力なラインナップをそろえていると思う。このシリーズもわたしが学生や受験生のころにはなかった。

こんな本があればよかったなと、いまの学生をうらやむ気持ちもないではないけれど、それよりもいまでも、少しでも関心をもったらこのシリーズを購入して独学するようにしている。たとえば、近藤光男編『現代商法入門〔第10版〕』（有斐閣、201

9年）など、これから商法を概観しようと思う人にはうってつけの1冊になるだろう。かつて商法を勉強した者にとっても、さまざまな改正を経たうえでの現代の商法の姿を的確にとられた同書は、学びが必ずある1冊になると思う。

その際にはこのシリーズだけではなく、同じ分野の入門書や体系書をかたっぱしから購入して併読するとよいが、コンパクトに濃い情報が集められている点で信頼できるシリーズであることは間違いない。

17

ベイスターズと村上春樹と税法

ブログが流行りはじめた2006年ころ、匿名で「横浜ベイスターズと本の旅」というようなタイトルで「30代の法律家です」というプロフィールのみを表示したブログを書いていた（かなりまえに閉鎖しました）。

まだ、『小説で読む民事訴訟法』（法学書院、2008年）も刊行していないころで、いまのように作家的に本を書くことなどしていなかった時代である。このときに匿名のブログなのに、多くの読者（ファン）の方から「文章が上手ですね」「読みやすいです。いつも更新を楽しみにしています」「とっても面白いです」とほめられたことが、後の文筆活動の自信になった。

このブログでは、「30代の法律家」として書いていたにもかかわらず、綴っていた内容は「ベイスターズ」などの野球のこと（当時は日本のWBC初代優勝や田中マー君とハンカチ王子の高校野球決勝などもあり、それらもリアルタイムで書いていた）、好きな本のことが中心だった。ほかには、好きなスイーツの写真もアップしていた。そのへんの様子は、わたしのツイッターなどのSNSをフォローされている方からすれば、いまと何も変わっていないと思われるだろう。

さて、法律のことは全くブログに書かなかった。その後、2008年ころに、所属事務所で開設した「税務訴訟Q&A」という、税務訴訟のことを綴る実名のブログを始めた（現在も一応残っています）。このブログにも途中から結局、好きな本の話ばかり書くようになった時期がある。

税法読書術と銘打った本書も、税法のことではない話が多くて驚いた方もいるかもしれない。そのことについて、少しここで触れておきたい。

といいつつ、まず野球についての最近の話をする。横浜DeNAベイスターズの筒香選手にデッドボールをあてた広島東洋カープの投手がいた。いつもはグッとこらえて一塁に足を運ぶ筒香選手なのだが、大声を出すと同時に倒れ悶え苦しみ、そのままベンチに下がるとすぐに病院搬送となった。すぐに代走が送られた。日本の4番バッターでもある筒香選手はベイスターズの要であり、2019年のこの時点でも絶好調であった。それに伴いベイスターズの順位もなかなかであった。そこに死球をあて病院搬送となった事実は、ファンからすると衝撃である。正直ぶつけた投手を許しがたい感情も起きるだろう。

次にこの投手が打席に入ったときだけでなく、筒香選手抜きのベイスターズに完投勝利をおさめたこの投手のヒーローインタビューでは（地元の横浜スタジアムであった）、横浜ファンから大ブーイングが起きた。

これをネットニュースでは、ツイッターなどにあげられた「ヒーローインタビューでブーイングとは民度が低い」などというベイスターズファンへの批判や、賛否両論のSNSのコメントが挙げられていた。リアルタイム検索でみていくと、批判的なコメントも多くあった。いわく、「この投手もわざとぶつけたわけではないのだから」「ヒーローインタビューなのに失礼」などである。

しかし、ベイスターズファンからすれば、まあわたしがベイスターズファンなのだけど、わざとぶつけたかどうかなど関係なくて、失われたらチームの大損失なのである。そもそも、民法の不法行為は故意に限らず、当然ながら過失でも成立する。わざとでなくて許されるなら不法行為などほとんどが成立しないことになるが、現実には不注意に対しても損害賠償責任が負わされる。野球はプロスポーツだから「正当業務行為」の範疇である限り、そしてこの件もその範疇であるから、不法行為にはもちろんならない。しかし、「わざとあてたか」どうかは、あてられたチームのファンにとってはあまり関係がないだろう。

ファンとしての個人的感想だが、ブーイングなどは、プロ野球というスポーツには織り込み済みだと思う。ヤクルトスワローズは、本拠地の神宮球場で日本シリーズをしても相手チームのソフトバンクホークスのファンに半分以上占拠されてしまう。爽やかで大人しめのファンが多い。

わたしは大学から近いこともあって神宮球場のヤクルトの試合をよく観戦するのだが、昨年CSで巨人の菅野投手にノーヒットノーランをされて敗退が決まった試合など、試合終了の瞬間にはヤクルトファンの怒号が鳴り響いていた。ほかにも、主力の青木宣親選手（元メジャー・リーガー）にあてられそうになったシーンでの相手チームへのブーイングや、同じ青木選手（ちなみに、「あ・お・き」と応援する）の三振の判定への不服に退場を告げた主審へのブーイングなども、みためは優しそうな社会人の男性やおしゃれな若い女性などなのに、なかなかの汚い言葉であった。

それを批判しているのではない。それがプロ野球ではないか、ということである。人間は論理で生きているのではない。感情で生きている。プロスポーツはその感情をぶつけることができる。それがだいご味である。野球ファンは日本に多くいるが、会社では実直で誠実な人でも、家ではビールを飲みながら、ひいきチームが負けていれば机を蹴っ飛ばしているかもしれない。お父さんはきっと不機嫌であろう。

そのような人も、会社では普通にそんな感情を出さずに仕事をしているはずである。だからこそ、プライベートで野球を観ているときに、感情をぶつけるのである。

昔から何も変わらないことだが、言葉だけで議論をするSNS（特にツイッター）上では、いっけんもっともに聞こえる正論が説得力をもつことになる。それは、現場にいないで、文字だけで語るからである。

文字だけでみていれば、「ブーイングなどすべきでない」という議論に軍配が上がるであろう。しかし、人間は、そもそも、SNSでは説得力をもつ「言葉」だけで生きているのではない。「言葉」以前の感情によってじつは生きている。

本書で夏目漱石の文学論を引いて、文学には情緒(feeling)が必要であることを紹介した。同じくわたしが好きな村上春樹の小説の『1Q84』(新潮文庫)の全6巻を先日読み終えて、アマゾンのレビューをみたら、こきおろされているものがたくさんあった。いわく「全く感情移入できなかった」、いわく「物語に論理性がない」、いわく「村上春樹はもう終わった」「なぜこんな人がノーベル文学賞候補なのか理解ができません」である。

本の感想は人それぞれで、どのように感じようとも、それは読者の自由である。しかし、「理解ができない」から「評価しない」というのは誤りだと思う。

「理解ができない」ものに対しては、判断ができないことになるはずである。それが「理解できる人」から評価されているとしても、そのことも「理解ができない」以上、それが適切なのかどうかの判断はできないはずなのである。

わたしにもわからないもの、理解できないものは多々あるが、少なくとも村上春樹の小説は何度読んでも、ひとつひとつのシーンが実人生と深く響き合う感覚がもたらされる。多くの文章からこれまで生きてきた人生のさまざまな出来事（説明がしにくく、人と共有しにくい出来事の数々）に「意味が与えられた」と感じられる。

このような小説を書ける人はなかなかおらず、そのように読んで深く共感している読者がいることは知っておくべきだと思う。また、理解できないとしても、放っておけばよいだけのことであろう。

何度読んでも、そして何歳になって読んでもそのときの実人生に違う角度からでも響き合う村上春樹の小説だが、作家自身も次のように語っている。

「僕が小説を書くときに自分でいちばん強く意識することは、『何度読んでもそのたびに違う読み方のできる小説を書きたい』ということです。……『何度読んでもそのたびに違う読み方のできる小説を書きたい』というのは、努力さえすれば決してできないことではありません。僕はそう信じています。そしてそのためにずいぶん努力をしています。」（村上春樹『村上春樹編集長 少年カフカ』（新潮社、２００３年）15頁）

デビュー作（『風の歌を聴け』）から、最新の小説（『騎士団長殺し』）にいたるまで、村上春樹は進化し続けているし、どの小説も情緒を深くあらわしている。少なくともわたしは、この作家の小説に救われてきた。

なお、情緒の意義については、数学者である岡潔もこれを正面から取り上げた随筆を書いている（岡潔＝森田真生編『数学する人生』（新潮文庫、２０１９年））。ここでは同氏の論の紹介は省略するが、同書のなかで編者が次のように述べている1文を引用しておきたい。

「『情緒』を言葉で『理解』しようとする試みはしかし、容易には成功しない。なぜなら、情緒は概念ではなく実情であり、理解されるべきものである以上に、『体得』されなければならないものだからである。」（同14頁）

この点は、村上春樹の『１Ｑ８４』で衰弱した主人公（天吾）の父親が言った「説明しなくてはそれがわからんというのは、どれだけ説明してもわからんということだ」という言葉にも似ている（同Ｂｏｏｋ２前編２３５－２３６頁）。だからこそ、それを芸術作品が描いていくのであり、わたしたちはそれを受け取っていくのだろう。

ベイスターズと村上春樹のことを挙げた。ここでのポイントは、いずれも「論理」ではなく、「感情」ないし「情緒」の問題であるということである。

わたしたちは、SNSを使って、顔もみせずに名前も名乗らずに不特定多数の人に意見を表明できる機会を得た。しかし、そこで語られているのは「文字」（しかも極めて少ない量の文字）を通じての、わかりやすい（端的にいえば、だれでも思いつくようなものが多い）「意見」である。

さて、税法であるが、税法は「論理」の世界にある。「租税法律主義」という言葉で書かれたルールの是非や、解釈を深める学問である。感情や情緒は一切排除して、言葉と言葉で「論理」をぶつけあう学問である。

そのような学問を語るなかで、感情や情緒を議論に挙げるのは、不適切と思われるかもしれない。確かに、税法の議論においては不適切かもしれない。わたしもそのあたりの感情・情緒は排除した「訴訟活動」を行ってきた。そして、感情・情緒には一切触れない「研究論文」を書いている。

しかし、それは「税法」が、そもそも、人間がつくりあげた「ルール」の是非と、解釈を問う学問だからである。そのなかで説得力をもつためには、「論理」を磨き上げる必要がある。「言葉」をたくみに使う技術が必要になる。思考術や文章術などさまざまな技術の本も、わたしは書いてきた。これらはそうした人間がつくりあげた制度の是非や解釈を議論する際に有益なものであって、その枠を超えた人間の本質や感情などには不向きの技術である。

どちらが正しいとか、偉いとか、上だとかという話ではない。両者は截然と区別されなければならない。

なぜ、あなたは生まれてきたのか。なぜ、あなたはこの本を手に取りいま読んでいるのか。なぜ、あなたはその学校に入学して卒業した（する）のか。なぜ、現在の組織に属してその職業についているのか。これらには「言葉」を使った「論理」だけでは説明不能な部分が含まれている。

運命や宿命として語られることもあるが、先日ニュースで報道されていた世界初のブラックホールの写真をみても、わたしたちが限られた時間を生きるなかで、「そもそもなぜ生まれてきたのか」「我々はどこからやってきて、どこに向かっていくのか」という単純な問いにさえ、現代社会の「論理」は解答をもちあわせていない。

税法とは、複雑で専門性が高く難解で……などというが、なぜあなたは生まれたのかの方がはるかに難解な問いだろう。そして、税法はあくまで人間がつくりあげたルールに過ぎない。そのなかで、高度な議論をすることは、言葉による論理の技術を身につければよいだけである。

わかりやすい主張や論理というのを、わたしは裁判などのさまざまな場面で考え文章化してきたが、心のなかでは、「人間がつくった税法の議論のなかでの話しだけどね」といつも思ってきたし、これからも思っていくだろう。

ずいぶんと冷めた考え方と思われたかもしれないが、「割り切りのなかにこそ、優れた論理が生まれる」という（わたしの考える）真理をここで挙げておこう。

18

悲観する力の効用

森博嗣の小説は読んだことがないが、エッセイは新刊が出るたびに読んでいる。独特の切り口で、理系（建築工学）の大学教員から小説家になった方だけあって、また、本人いわく小説などの文章を読むことがもともと苦手だったということもあってか、他にはない独特の切り口と論理が展開される。その文章は、慣れてくると面白い。

慣れてくると、といったのは独特な思考が展開されるため、最初は違和感も覚える作家だったと記憶しているからである。といっても、10年近くにわたってこの作家のエッセイは、かなりの数を読んできた。

最近読んだものに『悲観する力』（幻冬舎新書、2019年）がある。「楽観的になろう。」「ポジティブになろう。」という思想が強い現代にあって、逆をいく主張が面白く展開された本だった。

悲観するというと、悲観的とか、ネガティブといった具合に、マイナスに使われがちである。森氏はむしろ「悲観」的に物事を冷静にリスクなども含めて事前に徹底して分析しておくことが理系の基本的考え方であり、何でも「楽観」すればよいというのは、無責任すぎるという。こうした論がわかりやすい文章で書かれている。

読み終えてからしばらくしたので、詳細は忘れたが、読後の印象として残ったのはそんな考え方であった。特に印象に残ったところには付箋をつけていたので、そこだけ見返してみると、次のような文章があった。

「日頃から『悲観』の習慣がある人は、有意義な疑問を投げかけてくれるから、本来、とてもありがたい、力強い援護だ、と認識しても良いくらいだ。多くの場合、プロジェクトを立案した本人は、希望に溢れ、一種の興奮状態にあるためか、マイナス面に気づかないことがある。みんなが賛成してくれる素晴らしい計画だ、と楽観してしまいがちなのだ。」

（森・前掲書122頁）

そこで思ったのが、税務訴訟の代理人をしていたころのことである。わたしは弁護士になってまだ間もないころに、ストック・オプション訴訟を担当していた。「戦後最大の税務訴訟」と呼ばれた件数の多い大型訴訟である。判決が出るたびに、大きく報道される訴訟だった。

弁護士になって1年目の夏に、この大型訴訟の代理人をまとめる主任になるようボスの鳥飼重和先生からご指名をいただいだ。税務のイロハもよくわからないなかでゼロから勉強をしながら、訴訟の主張を組み立てていくことになった。

地裁で勝訴したあとに、高裁で逆転され敗訴が続くようになってから主任になったため、負けが込んできた状況になっていた。なかなか厳しい現実のなかで、50件近くの同種事件の訴訟活動を行う日々になった。

このときにさまざまの文献や判決を読んでわたしが思ったのは、「この流れからすると、最高裁では給与所得という判決が出る可能性が高いのではないか」ということだった。しかし、それで終わってしまえば、この訴訟を多くの納税者が起こした意義が失われてしまう危険がある。

そこで、この訴訟の本質を考えた。一時所得だと国税当局がいっていたのにそれを覆し、更正処分等を行った。このことは、納税者の税務署に対する信頼を裏切るものである。これは税法的には「信義則違反」という主張になる。

これが本筋だと思ったのだが、判例を調べると税法において信義則違反を主張して本税の更正処分の違法判断を勝ち取ることは、判例変更がない限り困難であることがわかった。そこで、100頁以上の上告理由書を書いて、判例変更を求める文章も書いたのだが、これは現実にはなかなか難しいであろうことも自覚していた。

判例変更など滅多に行われるものではないからである。

そこで次に現実路線として考えたときに、過少申告加算税の賦課決定処分は違法であるという主張が出てきた。信義則と異なり、明文規定があって、国税通則法65条4

項（当時）の「正当な理由」が認められれば勝てることになる。

しかし、これについても判例を調べると、最高裁で「正当な理由」が認められた例は当時存在していなかった。また裁判例をみても、とても厳しい判断がなされていた。こうして「正当な理由」の主張も、当時においては「無理筋」に近い状況にあることがわかった。

この論点は判例を調べると、当事者に主張立証責任がある。そうすると、この「正当な理由」が認められることで有利な判決を受ける納税者（原告）の側で、「正当な理由」であることを裏付ける事実の主張・立証を行う必要がある。

ここでネックになったのが、一時所得であることを主張している納税者側で、「正当な理由」があることを主張する場合、それは必然的に予備的主張になってしまう点だった。つまり、「仮に給与所得であるとしても、過少な申告をしたことについて納税者にはやむを得ない事由がある」と主張しなければならない。

これは過少申告を認めるような、弱腰の主張にもみえてしまう。

当時の訴訟担当者間ではさまざまな議論がなされたのだが、このときわたしがそれでも「正当な理由」を今後は追加してすべての当事者において主張すべきだという提案をしたときに、「それはやめた方がよい」という反対意見も出された。

これは身内というか、訴訟を担当する仲間から下された反対意見である。経験の浅い（税務訴訟で勝訴経験もない）新米弁護士としては、なかなか辛い指摘だった。

ここで折れて、「ではやめましょう。いままでどおり一時所得であることを主張するにとどめましょう」といえば、担当者内部では収まり、余計なストレスを感じずに訴訟活動を進めることができたかもしれない。

しかし、わたしのなかで鳴っていた警告アラームは「最高裁では給与所得と判断されるのではないか」ということであった。そして、そうなったときに、この予備的主張をしておかないと、原告の方々がこの訴訟を提起された原因（国税当局の見解変更による課税の当否）が最高裁に判断されないまま終わってしまうという危惧であった。

なぜかというと、予備的主張がなければ、給与所得にあたるかどうかという所得税法の解釈が行われるだけになるからである。つまり、課税の経緯について最高裁がその当否を判断する必要がなくなってしまうのである。

さて、結局、極めて長時間に及ぶ担当者会議を続け、それなりに反対意見も残ったのだが、この予備的主張を追加することに多数の賛同を得ることができた。

それが数年後に最高裁での弁論をする機会をもたらし、勝訴判決となった。このときに感じたのは、身内から反対されて困ったということよりも、「悪魔の代理人」ではないが、事前に反対意見を徹底して検証できたことの重要性である。主張に自信が持てたし、やるなら徹底してやらなければならないという覚悟も芽生えた。

反対意見は、ある意味「悲観する力」である。これはマイナスイメージではなく、プラスイメージの推進力になった。そのように「悲観する」こともしたうえで、あとはやるべきことをやり尽くす。結果についてはある意味「楽観」せざるを得ないと思う。

でも、最後の最後まで（最高裁の判断が下るまで）、わたしは悲観しながら（予備的主張についてすら負ける危険も感じながら）、どうしたら勝てるかを考え続けた。そしてアイデアを思いつくたびに、最高裁に上申書を提出し続けた（普通は出さないのですが）。

「なるようになるさ」と楽観することも大事な場合が、確かにある。

しかし、打てる手は尽くしておきたい。これが税務訴訟の代理人をしていたときの仕事のやり方であった。そのときに培った考え方の基礎は、大学教員になったいまでも変わらない。

完璧主義というわけではないのだが、ぎりぎりまでやれることはやり尽くす。それで結果が出るか出ないかにはこだわらない。悲観しながら戦い続け、結果については楽観するといったらよいか。森博嗣の『悲観する力』を読んで、そんな考え方で勝訴が難しい税務訴訟を戦い続けていた日々を思い出した。

その意味で、蛇足になるかもしれないが、負けたときにその原因を客観的に分析することを怠り、なんでも「ポジろう」などといって、良くみえる側面だけ強調する考え方を、わたしは好まない。成長するためにはさまざまな経験を積むことが重要で、失敗するたびに冷静な敗因分析を行うことが不可欠だと思うからである。起きたことについては、結果を伴わなくても目をそらさず、これを受けとめもがいてこそ、明るく楽観できる未来がみえてくるのではないだろうか。

19

税法の条文の読みにくさ

「税法は、法律ではない」といった裁判官がいるとか、いないとか。最近では、会社法もそうであるが、改正された民法なども少しずつ条文が長くなってきている。枝番号の条文も増えている。

簡潔を旨とし余計なことは条文に書かないとの方針で制定された明治時代の法典と比較すると、現在の日本の法制定や改正の状況は大きく異なる。それはその間に判例法理が形成されてきたことも関係するのかもしれないが、特に税法の条文をみていると、その条文が制定された後の改正経緯の一つひとつを知らないと理解できないものがとても多いことに気づく。

これはあとから条文を変える機会が他の法律以上に多い税法の特色であろう。この点で特に気になるのが、法人税法34条1項である。平成18年に全面改正された役員給与の損金算入についての「別段の定め」である。平成18年につくられた当時は、比較的読みやすい条文だった。1号が定期同額給与で、2号が事前確定届出給与で、3号が利益連動給与であった。それらのどれかに該当すれば、損金算入できる方向に進んでいく。次に過大役員給与の損金不算入を定めた同法34条2項の該当性なども、別に検討が必要になるが、比較的シンプルな構造をもった条文であった。

しかし、その後に度重なる改正がされ続けた。13年後の現在（２０１９年）においては、引用するのもはばかられるが、次のように極めて難解な長文になった。

（役員給与の損金不算入）

第三十四条　内国法人がその役員に対して支給する給与（退職給与で業績連動給与に該当しないもの、使用人としての職務を有する役員に対して支給する当該職務に対するもの及び第三項の規定の適用があるものを除く。以下この項において同じ。）のうち次に掲げる給与のいずれにも該当しないものの額は、その内国法人の各事業年度の所得の金額の計算上、損金の額に算入しない。

一　その支給時期が一月以下の一定の期間ごとである給与（次号イにおいて「定期給与」という。）で当該事業年度の各支給時期における支給額が同額であるものその他これに準ずるものとして政令で定める給与（同号において「定期同額給与」という。）

二　その役員の職務につき所定の時期に、確定した額の金銭又は確定した数の株式（出資を含む。以下この項及び第五項において同じ。）若しくは新株予約権若しくは確定した額の金銭債権に係る第五十四条第一項（譲渡制限付株式を対価とする費用の帰属事業年度の特例）に規定する特定譲渡制限付株式若しくは第五十四条の二第一項（新株予約権を対価とする費用の帰属事業年度の特例等）に規定する特定新株予約権を交付する旨の定めに基づいて支給する給与で、定期同額給与及び業績連動給与のいずれにも該当しないもの（当該株式若しくは当該特定譲渡制限付株式に係る第五十四条第一項に規定する承継譲渡制限付株式又は当該新株予約権若しくは当該特定新株予約権に係る第五十四条の二第一項に規定する承継新株予約権による給与を含むものとし、次に掲げる場合に該当する場合にはそれぞれ次に定める要件を満たすものに限る。）

イ　その給与が定期給与を支給しない役員に対して支給する給与（同族会社に該当しない内国法人が支給する給与で金銭によるものに限る。）以外の給与（株式又は新株予約権による給与で、将来の役務の提供に係るものとして政令で定めるものを除く。）である場合　政令で定めるところにより納税地の所轄税務署長にその定めの内容に関する届出をしていること。

ロ　株式を交付する場合　当該株式が市場価格のある株式又は市場価格のある株式と交換される株式（当該内国法人又は関係法人が発行したものに限る。次号において「適格株式」という。）であること。

ハ　新株予約権を交付する場合　当該新株予約権がその行使により市場価格のある

株式が交付される新株予約権（当該内国法人又は関係法人が発行したものに限る。次号において「適格新株予約権」という。）であること。

三　内国法人（同族会社にあつては、同族会社以外の法人との間に当該法人による完全支配関係があるものに限る。）がその業務執行役員（業務を執行する役員として政令で定めるものをいう。以下この号において同じ。）に対して支給する業績連動給与（金銭以外の資産が交付されるものにあつては、適格株式又は適格新株予約権が交付されるものに限る。）で、次に掲げる要件を満たすもの（他の業務執行役員の全てに対して次に掲げる要件を満たす業績連動給与を支給する場合に限る。）

イ　交付される金銭の額若しくは株式若しくは新株予約権の数又は交付される新株予約権の数のうち無償で取得され、若しくは消滅する数の算定方法が、その給与に係る職務を執行する期間の開始の日（イにおいて「職務執行期間開始日」という。）以後に終了する事業年度の利益の状況を示す指標（利益の額、利益の額に有価証券報告書（金融商品取引法第二十四条第一項（有価証券報告書の提出）に規定する有価証券報告書をいう。イにおいて同じ。）に記載されるべき事項による調整を加えた指標その他の利益に関する指標として政令で定めるもので、有価証券報告書に記載されるものに限る。イにおいて同じ。）、職務執行期間開始日の属する事業年度開始の日以後の所定の期間若しくは職務執行期間開始日以後の所定の日における株式の市場価格の状況を示す指標（当該内国法人又は当該内国法人との間に完全支配関係がある法人の株式の市場価格又はその平均値その他の株式の市場価格に関する指標として政令で定めるものに限る。イにおいて同じ。）又は職務執行期間開始日以後に終了する事業年度の売上高の状況を示す指標（売上高、売上高に有価証券報告書に記載されるべき事項による調整を加えた指標その他の売上高に関する指標として政令で定めるもののうち、利益の状況を示す指標又は株式の市場価格の状況を示す指標と同時に用いられるもので、有価証券報告書に記載されるものに限る。）を基礎とした客観的なもの（次に掲げる要件を満たすものに限る。）であること。

（1） 金銭による給与にあつては確定した額を、株式又は新株予約権による給与にあつては確定した数を、それぞれ限度としているものであり、かつ、他の業務執行役員に対して支給する業績連動給与に係る算定方法と同様のものであること。

（2） 政令で定める日までに、報酬委員会（会社法第四百四条第三項（指名委員会等の権限等）の報酬委員会をいい、当該内国法人の業務執行役員又は当該業務執行役員と政令で定める特殊の関係のある者がその委員になつているものを除く。）が決定をしていることその他の政令で定める適正な手続を経ていること。

（3）その内容が、（2）の政令で定める適正な手続の終了の日以後遅滞なく、有価証券報告書に記載されていることその他財務省令で定める方法により開示されていること。

ロ　その他政令で定める要件

この法人税法34条には、8項まであるが、引用したのは1項だけである。引用が長すぎて、本がバグったのかと、もしかしたら困惑し、あるいは絶句した方もいるかもしれない（ページを飛ばして、すぐにここに辿り着いた方は、なかなかの合理主義者かもしれません）。わたしもこんなに長くなるとは思っていなかったのだが、想像を絶する長さであった。しかし、この長い条文が、法人税法34条1項なのである。

この条文にかつて読み慣れていた方のなかには、いつの間にこんなに長くなってしまったのかと、驚かれた方もいるかもしれない。

その解読はここではしない。このような条文の長文化の原因は、度重なる改正で当初予定されていた規定のなかに、次々と複雑な制度が盛り込まれていったからである(例えば、2項は事前確定届出給与の規定で、もともとは賞与が予定されたものだったが、最近の改正でリストリクテッド・ストックの規定も組み込まれ、複雑化した)。

租税法律主義の下では、条文に書き尽くしておくことが求められる。しかし、度重なる立法経緯をひもとかないと理解できないような条文になっていくことが、果たして租税法律主義の本来の目的との関係で、適切といえるのだろうか。特に税法に多く登場するカッコ書きの多用も含め、もう少し真剣に考えていかなければならないだろう。

疑問もあるが、私たち専門家は、この難解な条文のひとつひとつを理解した上で、解釈論もしていかなければならない。

裁判官が「これが法律なのか。いや違うだろう」と思ってしまうという、その気持ちはよくわかる。

20

徒然草

随筆といえば、吉田兼好の『徒然草』というイメージがあると思う。もっとも、現代の日本の作家の書く文章が「随筆」と呼ばれることはほとんどなく、エッセイと言われることが多い。雑文と言われることもあるが、雑文というのは読者というより、書き手の側から下す評価であるように思う。

本書も雑文集であり、テーマが税法読書術であることを除けば、形式としてはいわゆるエッセイと呼ばれる方式になっている。

この本の執筆依頼をしてくれた編集者も「吉田兼好のような随筆《エッセイ》をお願いしたい」とおっしゃっていた。そこで、徒然草かと中学時代の国語の時間を思い出しながら、改めて吉田兼好の『徒然草』を読んでみた。

中学生以来で読んだのではなく、大人になってからも何度か読んだことはあった。久しぶりに読んでみてこの徒然草の要諦は、日常のしがらみから心を解き放ち、人間の営みにある本質に光をあてることにあることに気づいた。

それは「言うは易し。行うは難し」の典型で、わたしもこの雑文を書きながら、その各項でその日にあった日常との接点にも触れてきたが、人間はたとえば、年末年始や夏休みの長期休暇などのときには、日常の雑務から離れて、深くものを考えることができるものである。

それで少し成長したように思い、あるいは仕事が始まってからもこの気持ちを忘れずに行こうなどと誓いながらも、日常の雑務が始まるとその日々にある人間関係やさまざまなしがらみに飲み込まれて、沈思黙考できた環境など吹っ飛んでしまう。

そのように考えると、人は、いかにまわりに影響されているか、ということがわかる。

同時に、吉田兼好のように、日常に影響されない強い心を持てるようになれば、人生を深く考えることができるようになるのかもしれない、とも思う。

とくに現代社会では、スマホの登場によって、帰宅後であっても休日であっても深夜であっても、落ち着いて物事を考えることができる環境が奪われる時代になった。

スマホをいじらなければよいのだが、ＬＩＮＥやメールの処理をしなければ、日常の仕事も、人間関係も円滑にまわしていくことができなくなる。そして、これらがたまればストレスになるから、早めに処理をしたいと考えるのが、合理的な人の考え方である。

しかしそれを日々実践していると、常にスマホをみることになる。そこでＳＮＳなどを通じて日常のニュースや記事もチェックしていると、どんどん時間はたっていく。

確かに、かつてよりニュースやいまある問題点について、本など読まなくても情報を得られる環境になったのは喜ばしいことなのかもしれない。しかし、落ち着いて物事を考える時間はほとんどなくなってしまった、というのが実際だと思う。

そのことから脱却するために、SNS離れをしようと数年前からいろいろ画策している。とりあえず、Facebookの更新を極力控えるようにしたことは成功した（Facebookは文字情報で大量に書けるため、真面目に仕事をしている人ほどそこに大量の記事を日々書く習慣が形成されてしまうネックがあると思う）。LINEやメールは仕事上みないわけには行かない。学生からは毎日のようにLINEでの質問や相談が来るが、情報提供もグループLINEで更新していくことができるから、教育上使わないわけにはいかない。

これらから解放されるのは、長期休暇の時期である。長期休暇は落ち着いて本を読むことに適している。ふだんから週末に本を読んでいるが、日常から解放されることで、落ち着いてじっくり書物を読める環境がもたらされる。

しかし、それでもつい習慣で数分置きにスマホをみてしまう。何とかならないものかと、わたしもSNS離れというか、スマホ離れと格闘中である。

やることの習慣が自然と増えてしまう現代では、やらないことの習慣を得る術をもつ者が人生を制するように思う。

そのなかで税法に触れていくことが、長く税法に生きるコツになるかもしれない。

21

『注解所得税法』の六訂版のお味はいかが？

学生からはスイーツ好きとして知られている。わたしはお酒が飲めない。「ああ、それで、甘いもの好きなんですね？」と言われることもある。甘いものが好きというよりも食べることが好きで、食べ物は基本的に何でも好きである。

というと語弊があるかもしれない。美味しいものが好きで、バナナや桃やメロンなどのフルーツを使ったパフェやタルトやアップルパイなどに目がない。見るだけでうっとりするような写真を撮るのが好きなので、スイーツの写真をSNSによくアップしている。ここではスイーツではなく、ある本のお味を書いてみようと思う。

さて、『注解所得税法』（大蔵財務協会）は、立法経緯や法体系について詳述された所得税法の解説書であるが、所得税法のバイブルといってよい。

この『注解所得税法』を編纂された植松守雄氏から直々に教えを受けた方が、現在の同書の改訂における編纂をされている池本征男先生である。

わたしは、人から租税法を教わったことがないのだが、それは授業でのことである。実際には、この池本征男先生からさまざまなアドバイスを受けて、同法を少しずつ理解してきた。

もともとわたしは実務家だったので、弁護士として事件に必要な限度で所得税法に触れるだけであった。池本先生のような体系的な理解もなければ学習もなく、そのようななかで税務訴訟を遂行するため、先生からは幾度もの教えを受けてきた。

所得税法の本を刊行したときも、独学で積み重ねた理論と体系に誤りがないか、あるいは過不足がないかをみてもらいたいと考え、ゲラの段階で池本先生に全文を読んでいただき、さまざまなアドバイスを受けた。

そのアドバイスに基づき、加除修正を行い完成したのが、2014年に刊行した『分かりやすい「所得税法」の授業』（光文社新書）である。

池本先生から教わったのは、ほとんどが対面してのことである。先生と二人で所得税法について話をした時間がどれくらいになるか計算したことはない。することもできないが、弁護士になりたての2003年から、弁護士時代には訴訟の数だけ、事件の数だけ、相談の数だけ、先生との対話があった。

「それはあの本に書いてありますよ」というようなアドバイスを先生はよくされた。そして、すぐに書庫に向かって歩き始めると、「これです」と、池本先生はその本を実際に開かれ、記載されている箇所を明示して下さった。

ご自宅にある絶版の本があるとのことで、次にお会いするときにその本を貸し出して下さることもあった。

わたしが2015年に大学教員に転身した後は、先生とは直接お会いする機会はなくなったが、メールでご相談させていただくことが年に数回はある。

　だいたいが論文を書いているときで、新しい判例をみて自分で問題点を考えたりするときに先生からアドバイスをいただいている。池本先生に新刊や新しい論文をお送りすると、かなりの速さでお手紙（葉書のときもあれば、封書のときもある）が届く。先生の筆まめさをわたしも見習わなければと思うのだが、わたしはどうしてもメールになってしまう（わたしは字がとにかく汚い。というのは、言い訳かもしれないが）。

　さて、『注解所得税法』は五訂版が２０１１年に刊行されてから、次の版がなかなか出ないでいた。昨年（２０１８年）の６月にゼミのゲスト・スピーカーに池本先生をお呼びしてご講演をしていただいたときに「『注解所得税法』の改訂版はもうすぐ出ます」と聞いていた。その日を楽しみにしていたのだが、それが今年になってようやく実現した。

　六訂版の見本が、版元の（この本と同じである）大蔵財務協会から研究室に届いた。その日の帰宅時には、分厚く重い本だったが家に持ち帰り、その日というか翌日の明け方まで食い入るように読んでしまった。

　そのページ数は１５７７頁に及ぶが、わたしが翌朝までにチェックした限りでは、合計17点のわたしの書いた論文等の引用が確認できた。

教えを受けた先生のご本であるとはいえ、ここまで大量に大著に自分の書いた論文が引用されたことに深く感激した。もがき苦しみながらではあるが、睡眠を削って書き続けた甲斐があった、というか報われたと思った。

これは池本先生のお心遣いであると受け取った。考えてみると、わたしにはそれぞれの世界で名前が通る重鎮の方々から、若い弁護士のころから研究者に転身した現在に至るまで、過分なお褒めの言葉をいただくことが多くあったように思う。それで、前に進むことができたのだと思う。

人を勇気づけて、前進する力を与えるのは、その分野でトップランナーとして歩み続けてきた先達のあたたかい言葉であるのかもしれない。

少なくとも、わたしはこの法学という世界の各分野の重鎮の方々からいまでも本や論文を公表するたびに、あたたかい言葉をいただいている。書いてよかったと思える瞬間である。

ということで、わたしにはスイーツのように味わいのある改訂版であった（少し強引かもしれません）。税法に通じるためには、さまざまある書物を味わい、その違いに気づけるようになることが必要だと思う。

スイーツ好きの人は、スイーツひとくくりではなく、あのお店のあのショートケーキやシュークリームを味わう。これはワインでも日本酒でもビールでも、マンガでもサッカーでも同じだろう。

22

三島由紀夫と刑事訴訟法、わたしと民事訴訟法

三島由紀夫は、東大法学部を卒業した後、大蔵省に勤めている。その後に専業作家になったが、大学時代に法学を学んでいる。

法学について言及したエッセイが残されているのだが、そこには行政法のような非論理的な科目は好きになれなかったが、刑事訴訟法が好きだったとある。刑事訴訟法の事実認定のプロセスに登場する「証拠」は、小説にいう「主題（テーマ）」に似ているという言葉もある。

少しだけ引用すると、次のとおりである。

「本学の法科学生であったころ、私が殊に興味を持ったのは刑事訴訟法であった。団藤重光教授が若手のチャキチャキであった当時のこととて、講義そのものも生気溌剌としていたが、『証拠追求の手続』の汽車が目的地へと向かって重厚に一路邁進するような、その徹底した論理の進行が、特に私を魅惑した。私のもっともきらいなものは、一例が行政法のような、プラクティカルな、非論理的な学科であった。」

（三島由紀夫『小説読本』（中公文庫、２０１６年）１７０頁）

くわしい理由は書かれていない。しかし行政法は、いまでこそ行政手続法が存在しているが、平成5年に制定されるまでは、行政手続一般についての法律はなかった。そのことは、平成23年の国税通則法改正前までは税務調査についての規定がなかったこととも重なる。いずれにしても、法文よりもまえに「行政」を護《まも》る「概念」の牙城が築かれた学問というイメージが、三島由紀夫にもあったのかもしれない。

典型例は「公定力」だろう。税務訴訟は「取消訴訟中心主義」が採用されている。まずは国税不服審判所長に対する審査請求という行政不服申立てを行う。そこで棄却されて初めて国を被告とした取消訴訟を提起できる、という原則がルール化されている。これを不服申立前置主義というが、これらの手続には期限もあって、期限内に所定の手続をとらなければ、原則として課税処分の違法性を争うことはできなくなる。

これを法理論として基礎づけているのが「公定力」という概念である。

公定力とは、いったん行われた行政処分は、権限ある機関により取り消されない限りは適法・有効なものとして扱われるという考え方である。

したがって、税務訴訟の代理人をしていたころによく依頼者に注意喚起をしていたのが、「税務訴訟を起こすといっても、違法だと争う処分に基づく税金は納付しておかなければなりませんよ」、ということである。この公定力があるため、そして法律上は「執行不停止の原則」があるため、争っていたとしても、その争われている課税処分は適法であることを前提に納税をしなければ、延滞税が発生し、差押えもされてしまうのである。

法学として、論理的な説明はできる。しかし、三島由紀夫はおそらく直感的に、その仕組みの本質を見抜き「非論理的」な学問であると捉えたのであろう。

刑事訴訟法に興味をもったというのは、その理由はともかく、作家には多いタイプなのかもしれない。小説には刑事裁判ものは意外と多い。小説ファンには昔から一定数の「法廷もの」好きがいるからである。

さて、わたしが大学のころに好きだった科目は「民事訴訟法」である。とくに制定されたばかりの新民事訴訟法の裏話や、制定から間もなかったPL訴訟（製造物責任法についての民事訴訟）の話や、国際取引について勃発した訴訟の扱いとしての国際民事訴訟法の話が好きだった。いずれも小林秀之先生の授業が面白かったからなのだが、大学4年間で法学を勉強するというのは、あまりに短い期間であると感じた。

それもあって、卒業した後数年はかかるかもしれないが、本格的に学んで「司法」の道に進みたいと決意をして、いまがある。

当時の司法試験は2％の合格率だったが、三島由紀夫と違って「文学」の道に進もうと思うことはなかった。しかし、文学、小説へのあこがれは漠然としてだが、学生時代から強かった。親しい友人には「弁護士になったら、そのあとに作家になる」と言っていた。

困難な道のりに苦労をしたが、司法の道に進む決意ができたのは、試験制度があって明快だったからだと思う。文学や法学（研究者）への道のりは、学生時代に調べたわけでもないけれど、制度として明快ではない。ふつうの人には目指そうと思うことすら難しいのではないだろうか。

その意味で考えると、なることができる確率が低く難しい試験があったとしても、試験制度が敷かれていて、それに合格すればその道に進めて職業を得られるという制度は、学生にとっては明快なのだと思う。

学生には一定数の者に、公務員も人気がある。それはある程度の透明性のある、明快な「なり方」の道が示されているからかもしれない。

そうであるとすれば、ある専門分野や職業について、少子化により他分野と優秀な人材の奪い合いが想定されるこれからの日本において、すべての職業について試験制度をつくるべきとまでは言わないが、学生にとって困難なハードルがあったとしても、トライするイメージのわく採用制度を構築することが、重要になるかもしれない。

大学教員になってまだ5年目だが、いまの学生は大人たちが思っているよりも、はるかに優秀である。ものすごく勉強をするし、理解も早い。昔の牧歌的な時代の感覚で（あるいは、就職することがいまより大変だったという苦労の経験だけをふりまわし）、いまの学生はのんびりしているなんて言っていると、あっという間に優秀な頭脳をもつ若者に抜かれてしまうだろう。

もっというと、まだ世に出ていない、いまの小学生の世代以降は、もっと優秀な人材が出てくるとわたしは思っている。

生まれたときから、興味をもったものはすぐにスマホやタブレットで調べて正確な情報を得られる環境が整った世代の人類は、これまで存在していなかった。いまの小学生以降の子どもたちがこれから大人になって、初めてその全貌が明らかになるだろう。

その世代にあたる現在の小学生をみていると、「知識は記憶するものではなくなった。いつでも検索して調べればよい時代になった」などというのはじつは記憶力が低下した大人の議論であると、わかるかもしれない。記憶力が抜群の幼少期に日常的に検索をしている子どもたちは、興味関心の対象について調べた膨大な情報をじつは正確に頭のなかに記憶しているからである。

このような議論は、聞いたことがないかもしれない。しかし、ＡＩとかシンギュラリティとかこれまでの前提で考えられる未来は、人間の思考の範疇に過ぎない。むしろ、生まれたときから検索をしてきた世代は、大人になってから検索機能を得た世代には想像もつかない力をつけて大人になるはずで、ＡＩを使いこなすことなどお手の物になるのではないだろうか。

わたしはそう思っていて、その点では楽観している。そして、新しい人類が手にすることになるであろう「無限の力」をむしろ楽しみにしている。大人は、若い人の力を、もっと信じた方がよい。あなたが若いころには、いったい何かできていたのかと疑いたくなる、そんな偉そうな大人にはなりたくない（と思います）。

23

『スタンダード所得税法』の賛否

ロースクール生は、司法試験の論文試験の選択科目として「租税法」を選ぶことができる。もっとも、ひとつだけ選ぶことになる司法試験の選択科目において、「租税法」の人気は低い。

例年、だいたい5～8％程度の選択率である。参考までに、今年（2019年）の司法試験の出願時におけるデータをみると、選択科目の状況は、次のとおりである。

倒産法　659人（13・45％）
租税法　368人（7・51％）
経済法　864人（17・64％）
知的財産法　664人（13・55％）
労働法　1、426人（29・11％）
環境法　290人（5・92％）
国際関係法（公法系）65人（1・33％）
国際関係法（私法系）563人（11・49％）

（法務省「平成31年司法試験の受験予定者」平成31年4月19日）

司法試験の合格者は、現在は毎年1500人程度である。にもかかわらず、その受験予定者数が4899人しかいないという状況も驚きである。そのうち「租税法」を選択した者は368人しかおらず、全体の7・51%である（選択率は、例年に比べてそれほど変わらないが、これでも少し高い方である）。

選択率が低い理由は、法学を学んでいる司法試験受験生は「税法」というものを、法学のなかで最も難解なものだと捉えているからだと思われる。数学が出てくると思っている人までいるようである。現実的な理由としては、予備校の教材に「租税法」は市販の本としてはほとんど存在しておらず、受験用の教材が充実している「倒産法」や「労働法」に比べ、不安材料が多いこともあるかもしれない。

実際には、教材がなくても教員に試験に精通した者がいれば、司法試験の租税法は、範囲がとても狭いのでおすすめなのだが、そのような認識は持たれていないようである。

わたしが弁護士時代から非常勤（肩書は客員教授）として教えていた「租税法」の教え子の多くは、租税法選択で司法試験に合格しているが、何か税についての特殊知識があった人たちではない。

なかには、倒産法選択で2回不合格になり、5年で3回しか受験できなかった制度の時代なのだが、つまり、残り1回しか司法試験を受けられないという絶対絶命の状況に追い込まれたにもかかわらず、「選択科目を租税法に変えたい」と、わたしの租税法の授業の聴講を申し出てきたロースクールの修了生がいた。彼女は3回目の受験で「租税法」に選択科目を変えて合格を果たした。そんな教え子もいるくらいで、おすすめの科目である。

おすすめの理由は、範囲が狭いからである。具体的には、所得税法と法人税法と国税通則法が範囲なのだが、実際に試験に出題されるのは7〜8割は「所得税法」で、「法人税法」はごく基本部分しか出ず、かつ2〜3割程度の出題である。「国税通則法」については正面から問われたことはなく、手続を前提として知っておくべきという程度である。出題の7〜8割をしめる「所得税法」も論点は本来多いけれど、そのほとんどは所得区分と年度帰属であって、所得控除などはたまにしか出題されない。だいたい給与所得、事業所得、一時所得、雑所得あたりが問われ、数年に1度、譲渡所得が聞かれる、というくらいに出題範囲が狭いのである。

さらに、租税特別措置法は試験の範囲外であり、国際課税も出題されない。施行令や通達も司法試験用六法には掲載されていないから、覚える必要は基本的にはない。施行令については必要な場合には、問題文に掲載される。

税理士試験とは全く違い、長文の事例問題で、法的観点からの出題がされ、長文の論文形式の解答を法的三段論法を使って書くことになる。知識よりも、論理的思考力やあてはめの説得力などに主眼が置かれている。

この点で、税理士でも勉強会や研修会で、司法試験の租税法の問題を素材に勉強や研修をする人もいるようである。

さて、この司法試験の租税法で、おそらく最も使用されている教科書は金子宏先生などが共著で書かれた『ケースブック租税法』（弘文堂）だと思われるが（わたしもロースクールの担当授業で使用していた）、分厚い本で、判例や論文がかなり長く引用されている。授業には使いやすい教材なのだが、通読するだけで所得税法を理論的に理解できるような構成にはなっていない（法人税法も同様である）。

そこで学生に好まれているのが佐藤英明教授の『スタンダード所得税法』（弘文堂）である。二色刷りで、親しみやすい「ですます調」で書かれており、授業を聞くかのように読むことができる。この形式が好評なのであろう。

他方で、登場人物がすべて片仮名で大量に出てくるという独特な部分がある。この点については「かえって読みにくい」という人と、「それが親しみやすくていい」という人に分かれるようである。

佐藤英明先生は、所得税法について多くの論稿を書かれている著名な教授である。この『スタンダード所得税法』や、さらに入門向けの『プレップ租税法』（弘文堂）などでは、かなりくだけた文章を書かれている。ちょっと笑ってしまうようなテキストもあって、著作の幅が広い。

わたしのゼミ生が現在、3名、佐藤教授の租税法をロースクール（慶應義塾大学法科大学院）でとっているようで、先日、教室で撮った3人の写真がＬＩＮＥで送られてきた。授業もとてもわかりやすいようである。

さて、司法試験の教材が乏しい状況は、じつはもう1つあった。それは、予備校教材がないだけでなく、学者が書いた教科書でも「法人税法」がなかったことである（絶版になった岡村教授の本などはあったが、流通していない）。

そこに風穴をあけたのが、待望のシリーズ第2弾『スタンダード法人税法』（弘文堂）である。昨年発売され、今年早くも改訂版が春に刊行された。著者は渡辺徹也教授で、所得税法とは異なるが、本の雰囲気は引き継がれている（ただし、スタンダード所得税法のような片仮名の登場人物は出てこない）。

この本が発売されたことによって、司法試験受験生にとって、租税法はより勉強がしやすくなったといえる。

この本が出ていなかったころから、わたしもここにある隙間《すきま》を埋めるべく「法人税法」のわかりやすいテキストを刊行できたらと思い、4年前に400頁を超える原稿を書き終えていたのだが、紆余曲折あり刊行が大幅に遅延していた。

それがようやく今年の5月に発売されることになった。新元号に変わる5月なので、個人的には令和第1号の本ということになる。

『分かりやすい「所得税法」の授業』（光文社新書、2014年）の第2弾になるのだが、所得税法のこの新書も受験生にそれなりに好評で利用されていたようなので、法人税法の本もそのように活用してもらえたらと思っている。

なお、令和元年（2019年）の司法試験の租税法では、法人税法からの出題が例年より増えていた。ちょうどよいタイミングの刊行になったかもしれない。

24

ハウ・トゥ・『租税判例百選』

―百選は、どう使うのが正解？

各法分野について重要な基本判例をまとめた『租税判例百選』シリーズがある。司法試験受験においては、「百選から出題されたら文句は言えないよ」とロースクールの学生には、いつも伝えている。それくらい重要な教材となっている。

判例百選の特徴は、その法分野について重要な基本判例が時代にあわせて（その版ごとに）、その法分野の重鎮研究者により精緻に選定がされていることと、基本見開き2ページで、その右側にはかなり情報量のつまった的確な解説が書かれていることにある。

司法試験受験時代は、この解説部分が意外と難しいと感じることも多く、解説よりも引用判決の規範部分をざっと読むくらいであった。いま司法試験を受ける学生には「解説部分もしっかり読んだ方がよいですよ」と教えている。

税法においては、現在『租税判例百選〔第6版〕』（有斐閣、2016年）がある。刊行から3年経過した程度であるが、わたしの『租税判例百選』（第6版）は、ボロボロである。3年たってボロボロになったというよりも、1年程度ですでにその状態になっていたと思う。

実際、授業でも使う場面が多い。わたしがもっている税法の授業は、勤務校の法科大学院（ロースクール）が2年前に新規学生の募集停止をしたため（時代の流れである）、今年は租税法の授業の受講者が0となり、2011年度から持ち続けていた同法科大学院の租税法の授業は終焉を迎えた。このロースクールの授業や、学生から求められて任意に開催していた租税法勉強会でも、『租税判例百選』は重宝していた。百選だけを3コマ（4・5時間）で一挙にみる、という勉強会をやったこともある（ちょうど今年の春休みにもやったが、これがおそらく最後になるであろう）。

学部の税法ゼミでは、学生の作成したレジュメによる発表が中心になるため、直接紐解き授業をすることはないが、『租税判例百選』を教科書には指定している。ゼミ生の発表の対象は、この百選に掲載されているものが中心になるからである。

大学院の税法判例の授業も複数もっているが、いずれも『租税判例百選』をベースに構成している（2019年度は「税法研究」「公法総合演習」「税務判例・事例演習」という3科目で、『租税判例百選』を教材としている）。

さて、この『租税判例百選』であるが、論文や判例評釈を執筆する際にも活用できる。とにかく、使う場面が多いのである。

判決文を読むときにもあてはまるが、この『租税判例百選』（特に解説部分）も、「1度読んだから」というのは「ない」と思った方がよい。

学生には「それは読みました」とか「去年やりました」と、1度読んだだけで何もかもを知ったかのように判例を見下ろす者がいる。そのような姿勢では、成長は止まってしまうだろう。

わたしは1年間の授業だけでも、さまざまなクラスで同じ判例を重複して扱うことになるし、論文を書くときにも改めて読んでいる。それを何年もやっていても、判例は読むたびに発見がある。

これはたとえていうならば、「野球の試合は球場で1度観たので、もうわかりました」と言っている野球部員のようなものであろう。

たとえはわかりにくいかもしれないが、スポーツとしての野球にも何度みていても「わからないこと」はあるはずであり、みるたびに「あらたな発見」があるはずである。

そのような目で読むことができれば、『租税判例百選』についても、「もう読みました」などという発言をすることに意味がないとわかるだろう。「よし、改めて読んでみるか」と、何度でも目的に応じて、新鮮な気持ちで読むことができるようになりたいものである。

税法読書術の基本は、ここにある。条文しかり、判例しかり、論文しかり、である。何度でも読む。読むたびに発見がある。何事も、そういうものだと思った方がよい。

そして、そう思っている者が貪欲に学び続けることになり、結果として著しい成長を遂げていくだろう。

25
演習のまえにカフェで読む税務判例

大学教員とは、自由でひまな人たちである。

と、わたしはそのようにずっと誤解していた。実際、弁護士から大学教員になることが決まったときは、これで夏休みも冬休みもたくさんあって、社会人にはない春休みまである（学生のような）生活ができると思い込んでいた。

しかし、実際に大学に来てみたら、弁護士のころは休日であった土曜日や祝日にも普通に業務が入る。弁護士以上に時間に拘束されないことは確かだが、授業以外にやるべきことは多々ある。結局、家のPCで夜中までずっとキーボードをたたいているという毎日が日常になった。

大きく変わったのは、カフェのたくさんある青山、表参道が職場となった点かもしれない。授業や教授会等のない時間は、勤務場所に拘束されないから、スタバなどの行きつけのカフェに行き、そこで作業ができる。カフェ好きのわたしには、ありがたい環境になった。

授業期間中にカフェで主として行うのが、授業前の判例読みである。税法の講義ではレジュメを中心に準備をするだけだが、わたしの担当授業は、少人数の演習が極めて多い。たとえば、本年度に実施されている前期の授業でいうと、火曜日は4限、5限に学部のゼミがある。木曜日の3限には「税法研究」という大学院の授業がある。

金曜の3限、4限（隔週）には「公法総合演習」という大学院の授業がある。6限には「税務判例・事例演習」、7限には「研究指導演習」という大学院の授業がある。

これらはいずれも税法であり、すべてわたしが担当する少人数のクラスである。少人数といったが、具体的には2019年度は、学部の3年生ゼミが22名、4年生ゼミが22名、大学院の税法研究は9名、税務判例・事例演習は10名、研究指導演習は6名の受講生がいる（これらのクラスではLINEのグループをつくっている。そこで日々情報発信や受講生とのやりとりをして、また個別にこれらの担当クラスの学生からはさまざまな質問が昼夜、土日を問わず来る。そのため、すきま時間はスマホ操作をし続けることになる）。

これが弁護士時代とは異なる「業務としてのクライアント」対応とは違う「教育対象者としての学生」対応である。

もっとも、大学教員でここまで丁寧な距離の近い学生対応をしている人は、少ないかもしれない。

さて、教員の仕事の愚痴をいっているのではない。ここでのテーマは、こうした少人数の税法クラス（ゼミ）における授業の準備の話である。

これらはいずれも、担当学生の発表（報告）により成り立つ。その対象は、税法の判例である。そこで、これらの授業のまえには、対象判例を読み込むことが必要になる。判例といっても、第1審、控訴審、上告審とすべての審級を読み込む必要があり、またそれらの判例評釈にもひととおり目を通しておく必要がある。これが週に何個もあるので、授業期間中は視力が低下する（そして夏休み、冬休み、春休みは視力が一挙によくなる。誇張ではなく事実である）。

データベースの判決文をプリントアウトして読むのだが、字が小さくつめられている。これを大量に読み続ける日々が、授業期間中ずっと続くことになる。

毎年読んでいる判例でも、事実関係などは授業前に改めて読んでおく。

過去に読んでいても概要くらいしか記憶されていないから、直前に改めてしっかり読む。報告する学生の出来不出来に受講生が得られる情報が影響されないよう、正確に事実関係をあたまに入れておくのである。裁判所の判断も、下級審まではあまり正確に記憶していないものが多い。そこで毎年扱う基本判例でも、その都度、授業前には第1審、控訴審と、すべての判決文を初めて読むつもりで読み込むのである。

初めて読むつもりで読むために、毎回あらたにデータベースから判決文をプリントアウトする。わたしが判決文を読むとほぼ全文がピンクマーカーで塗られてピンク色に染まってしまうのだが、それを真っ白な紙で読んでこそ、初めて読むつもりの気分になれるからである。

こうした作業は、プリントアウトした判決文をカフェで読むことで行う。だいたい30分～1時間あれば、その対象事件の全判決文及び判例評釈を読み終えることができる。わたしの読むスピードは、相当に早いと思う。

新しい判例も毎年増えていく。院生がマニアックな判例を報告対象に選べば、初めて読むマイナーな判例にあたることもあるのだが、初めて読む判例でも、これくらいの時間をカフェで投入すれば、ほぼ読み終わる。これで9割以上は正確に事案も裁判所の判断もあたまに入る。

ただし、次の日には細かいことはすぐに忘れる。こうして、わたしが読むのは授業のある当日の直前になる。つまり、毎日、自転車操業をしているということである。前日の夜でも、次の日の授業の判例はまだ読んでいない。という毎日である。

こうしてカフェで判例を読む毎日だが、弁護士時代はこのように判例を第1審から上告審まで丁寧に読む時間などなかった。今思えば、よく税務訴訟ができていたなと思うのだが、弁護士の仕事も、訴訟活動もそれで普通にまわっていた。

逆にいうと、研究者（大学教員）というのは、とても細かなことを扱っている職業ということになるであろう。

さて、弁護士時代というのは、4年ちょっと前までのつい最近のことである（40歳以前である）。そのころにいまほどのスピードで判決文を正確に読解する力は、わたしにはなかった。しかし、大学教員になってから（40歳でなったのだが）、授業準備のためにほぼ毎日大量に判決文を読むようになった（必要に迫られて、せざるを得なくなった）。すると、みるみる読解力があがり、少ないすきま時間で正確に素早く判決文を読む力が身についてしまった。

さて、判例を短時間で正確に読むこつであるが、「いつ、だれが、だれに対し、何をした」を徹底して追うクセをつけるとよいと思う。また、同時に、税法判例の場合は、いくら？　という金額も正確におさえるのである。

端的にいえば、ざっと概要をつかもうとすると、いい加減でアバウトな理解になってしまうので、そのようにはせずに、正確に細かく事実関係の1つ1つをチェックするのである。そうすると、不思議と正確に数字や人物が動きだして、あたまに瞬時に記憶として定着する。

逆にいえば、判決文は裁判官が、証拠に基づき認定した事実を、このように短時間で読んでもあたまに入るようなストーリーとして、整理されているということもできると思う。そして、そのことを信頼して、つまり必ずこの事実が正確に記載されているはずだと信じて読むようになると、そのことがやはり判決文には細かく正確に記載されているから、どんどん吸収できるということだろう。

つまり、判決文というのは、読みにくいという人もいるが、じつはとても読みやすく、整理されている。決してアバウトなものではなく、正確な情報が凝縮されているのである。

端的にいえば、面白い。自分の体験したことのない世界をリアルに体験できるからである。そしてそうしたリアルなストーリーが、税法の解釈適用にからんでくるのだから、税法の条文までいきいきとして見えてくる。さらにはその判例を研究した評釈を読むと、いきいきとしてきた税法条文の解釈のしかたや、これまでの学説や裁判例の議論、経緯まで知ることができて、知の冒険を味わうこともできる。

もうひとつのコツをあげるとすれば、本書ですでに何度か言及をしたが、ピンクマーカーで判決文の文章を塗りながら読むことである。なぜ、それがよいのか、自己流なのでこれまであまり考えたことがなかったが、ちょうど村上春樹の『騎士団長殺し』の2回目を文庫で読んでいたときに、そうかと思ったことがある。

それは、主人公の画家が、『騎士団長殺し』という友人の父親（著名な日本画家）の小田原の邸宅に住み、屋根裏部屋でみつけた絵画に対する興味を強力にもったときにとった行動である。彼は、その絵に描かれたひとりとりの表情を鉛筆で正確に再現をしていくのである。

「読書家が本の中に気に入った文章を、ノートに一字一句違わずに丁寧に書き写すように」と綴られているのだが（村上春樹『騎士団長殺し　第1部（上）』（新潮文庫、2019年）143頁）、これを主人公の画家は「比喩的に言うなら、彼の履いている靴に自分の足を入れてみる必要がある」と記している（同144頁）。

わたしが、判決文の文章を、好きな小説を読むときと同じように、1文1文にピンクマーカーを塗るのはこの行為と類似しているのかもしれない。考えてみれば、わたしは読んだ判決文や文章を、そのまま正確に記憶して口に出すことができる。

ピンクマーカーは、判決を書いた裁判官と同じ行為（判決文を書く行為）をたどることで、いわば裁判官の靴を履き、これに迫ろうとするための道具になっているのかもしれない。

明快な説明はできないが、村上春樹の小説の引用による比喩が、ひとつの説明になるかもしれないと思ったので、この点を加えてみた。

26

会計読書術

授業のまえには準備として、スタバで判決文を読むことが多いわたしだが、休日にいく行きつけのタリーズでは、ただひたすら好きな本を読む。

というか読んでみなければ好きかどうかはわからないので、再読を繰り返す村上春樹の小説以外は、好きというより読みたいと思っている本を読む。

かばんに10冊程度、今日読みたいと思う本をしのばせて出かけ、そのうち数冊を読んで帰ってくるのだが、その本のなかに「税法」の本が選ばれることはまずない。

なぜかといえば、趣味で税法の本を読みたいと思うことが、基本的にはないからである。あくまで税法は、わたしのなかでは仕事の対象としてある。それを休日にも読むとしたら、ただの仕事中毒であろう。と、少なくともわたしは思っている。

わたしには読みたい本が、常にたくさんある。それを犠牲にした税法づけのウィークデイなのだから、週末には排除するのが自然である（もっとも、週末であろうと休日であろうと、論文を書いたり原稿を書いたりはいつもしているので、そのために論文や税法の本のコピーを読むことはある）。

そこでは小説や文芸評論など、どちらかというと文学的なものが多くなるのだが、唯一の例外は、会計学の田中弘先生の会計本を丹念に読むことである。

お会いしたことも講演を拝聴したこともないが、田中弘先生のハードカバーで30

00円以上する縦書きで書かれたエッセイのような会計本の1章を、週末のタリーズでカフェラテを飲みながら読むことが、至福の時間になる。
3、4年前から続けているのだが、大学でもどこでもだれからも会計を教わったことがないわたしは、この田中弘先生のラインナップを週末に、楽しむ読書として1章ずつ読み続けることで、会計の考え方や現状をとらえることができるようになった。
これは会計読書術かもしれない。

それにしても、田中弘先生の書かれた会計本の数々は、とにかく読みやすくて、中身もつまっており、とても勉強になる。

税法にもこんな書き手がいれば面白いのに、と思うこともあるが、それでもそれは仕事の範疇の本になってしまうから、週末のカフェでは読みたいと思わないだろう。

ものごとは、ほどよくが、ちょうどよいと思う。

この点、わたしはなにかにとらわれることのない職業である弁護士からスタートして税法に入っているので、その割り切り方は身につけている方かもしれない。

では、学生から研究を進めて、この道の税法に入られた方は、ふだんはどんな読書をするのだろうか？

などと、疑問文で書いてみたが、個人的にはあまり興味がない。

他人のことを気にする人がいるが、気にしている時間があったら、自分のやるべきことをやっていた方がよいと思う。わたしは他人のことを気にしないタイプである。むしろ人と同じことをすることをずっと避けてきた。

そのスタンスは今後も変えるつもりはない。なぜならば、他人と同じことをやっていたら、他人と競争することになるだけだからである。

そして、セネカのいう「自分の人生」ではなく、「他人の人生」を生きることになってしまうからである。わたしは「自分の人生」を生きるだけで精一杯であるが、あなたもきっと、本来はそうであるはずだ。

最後に補足しておくと、田中弘先生の会計本とは、税務経理協会から刊行されている一連のシリーズを指している。最近では、『会計グローバリズムの崩壊』（税務経理協会、2019年）という本が刊行されている。ちょうど今日、地元の書店で目にして、さきほどアマゾンで注文をしたところである。消費税込みで3456円だが（執筆時）、大学の半期2単位分くらいの授業料だと思えば、激安である。実際、田中会計本は、授業を受けているような語り口で書かれている。

27

「租税法研究」に掲載される税法論文リスト

クイーンの映画が大ヒットした。わたしも1月に映画館で観たが、ライブをみているようで面白かった。

その映画とは、『ボヘミアン・ラプソディ』であるが、そのなかに「もしクイーンになっていなかったら、おまえは（天文学者になって）誰にも読まれない論文を書いていたよ」といったセリフがあった。

バンドのメンバーの一人（ブライアン・メイ）のことなのだが、このセリフを聞いて、あたまにすぐに浮かんだのが法学の研究論文である。とくに、わたしの場合は、大学教員になってから（それまでは訴訟に関連するもので、かつ使えるものでない限りあまり読んだことはなかった）、税法の研究論文をたくさん読むようになった。

大学に来るまえは、1年間で毎年400冊以上の読書をしていたのだが、大学に来てから1年で100冊いけばよいくらいに激減した。判例はもちろん、この税法論文を大量に読むようになったことが大きい。

実務家のころは、訴訟の主張に有益でないものは、斜め読みして「はい。使えない」と捨てる（読まないという選択をする）研究論文が多くあった。

しかし、研究者になって読むようになると、税法論文はとても面白い。特定のテーマをもって、自分が研究論文を書こうとするときに、先行研究としての過去の類似テーマについての論文を読みつくすのだが、とてもよく書かれている。

本と違って、印税が入ってくることもなく、ビジネスにはならない論文である。最近の大学紀要掲載の論文の多くは、機関リポジトリに登録され、無料でいつでもだれでもインターネットで全文読める状態になっている。

しかし、その情報の正確性や緻密さは、そのへんの書店で手に入るビジネス書などよりはるかにつまっており、有益である。

そのことに気づいたのは大学教員になってからである。でも、ということは、一般の人にとっては、わたしの住む世界が変わっただけで、いまでも「読まれない」対象に過ぎないのかもしれない。

弁護士のころの感覚を思い出して考えると、研究論文は、スピードが求められる実務をする者にとって、申し訳ないけれど不要なことばかり議論されていることが多い特性をもっていて、その印象が強くあった。

研究する者には、研究の対象そのものが研究であり有益なのだが、実務で求められる答えがそこには何も書かれていないことが多い。それは研究自体が、日々起きている実務から離れて行われていることが多いからだと思う。

とはいえ、税法は実務があって成り立つもので、決して研究で切り離してよいものではない。理論と実務の融合がなされるべきであると考え、研究の側に実務の側から来てみたが、現実にその立場に立ってみると、その世界のさまざまなルールというか常識などがあって、意外と橋渡しは難しいことがわかった。

それで果たしてよいのだろうか。クイーンの映画に出てきたこの「誰にも読まれない論文を書く学者」というセリフを聞いたときに、そんなことが思い浮かんだのだが、特にあたまに浮かんだのは、「租税法研究」（租税法学会編、有斐閣）に掲載されている直近1年間の税法論文を紹介した記事である。１００頁近くを使って、1年間で公表された税法論文が税目や項目ごとに順に紹介されている。

論文を書く研究者や、院生、学部ゼミ生にとっては有益な情報の宝庫になる。しかし、これらの論文にはもしかしたら、書いた本人以外に誰にも読まれていないものもあるかもしれない。

学者の先生には「研究に価値を求めてはいけない。無駄に思えることにこそ研究の価値がある」という人もいる。

研究をするようになってよく理解できる側面もあるのだが、これをいいはじめると開き直りというか、「誰にも読まれない論文にこそ価値があるのだ」というような、本末転倒な主義思想につながる危険もあるように思う。

わたしは弁護士時代、自分の書いた上告についての書面（理由書）が最高裁の裁判官に読んでもらえることが嬉しかった。地裁、高裁の裁判官にも読んでもらえているという確かな実感をもちながら訴訟活動をしていた。納得のいく答えかどうかはともかく、その答えは判決文に示された。

本を書けば読者がいて、批判されることもあれば、ほめられることもあるけど、手ごたえを感じられる感想がそれなりには手に入る。

しかし、論文はどうか。この点は、そのあとに執筆された論文に引用されるというかたちで、研究者同士の間では、確かに読まれたという手ごたえを感じることがじつはできる。だから引用されると、論文を書いた人はきっと嬉しいのである。

また、民集や刑集登載の最高裁判決の評釈を書くと、調査官解説に引用されることもある。これは結構な手ごたえを感じられるのではないか。自分の書いた論文が、最高裁の判決に影響を与えたかもしれないと感じられることもあるだろう。

当面は、そんなことがあればいいなと思って、論文を書いている。税法に関わる者は、研究者でなくても、書く人が多い。何か書いてみると、読む視点がさらに深くなると思う。あなたも書く機会が訪れたら、断らずに、ぜひ引き受けてみよう。

28

結びに代えて――「税法読書術」とは？

「税法読書術」などというタイトルから、あなたは、もしかしたら「税法を読むためのテクニカルな方法論」が仔細に説明されたノウハウ本のようなものを想起されていたかもしれない。

そうだとしたら、この本を読んでみて、何か違った……という気持ちを持たれた可能性もある。

この点について、補足をしておきたいと思う。

まず、「税法読書術」というタイトルは、原稿を書く前から決めていた。徒然なるままに日記のようにそのときに読んでいた「税法」以外の、個人的な読書についても綴めながら、2019年2月初旬から5月初旬までの3か月（その大部分は大学で授業のない期間であった）を、日記のように記述したのだが、もともとつけていたタイトルだった。

もともと税法の読み方というような技術本を書く予定は全くなく（編集者もそのことを当初から了解している）、むしろ「エッセイ」を書いて欲しいという依頼で書き始めたのが、本書であった。

しかし、他方で、大元の依頼は「税法の条文の読み方の本を書いてください」というものであった。それは数年前にさかのぼる。時間のない日々のなかで「かなり困難なテーマ」をいただいたため、悪戦苦闘し、夏休み中にiPhoneのボイスメモに吹き込んだものを文字起こししてもらうという方法でいったんは試みた。しかし、それはお蔵入りとなり、編集者より「書き下ろしでエッセイを書き溜めて欲しい」という依頼に変わった。

したがって、読者の方にタイトルから浮かべた期待があったとしたら、あながちこの本の生い立ちとしては間違っていないのである。

しかし、いずれにせよ、この本は当初から「税法読書術」というタイトルで固定されたまま、編集者からの依頼に応じて「読書のエッセイ」を綴ったものとして原稿を書き上げ、令和の始動した10連休の途中（というかほぼ終わり）に完成した。

3か月の短期間で、わたしが読んでいる本もどんどん進んでいった。税法との関連を外さないようにしながらも、税法と関係のない読書についても触れながら議論を進めた。

そのことが「税法読書術」を得たいと思っているあなたにとって、どのような効果をもたらすことができたかは、わからない。

ここで、紹介しておきたいのが、本文中では少しだけ触れるにとどめていた数学者の岡潔の言葉である。本文では、夏目漱石の文学論から「F＋f」の理論（文学には情緒があること）を書いたが、岡潔も情緒について言及しているのである。

いわく、松尾芭蕉を例に出しながら、「俳句とはどういうものかといいますと、外的状況をできるだけ簡単にして、そこから同じような情緒を起こさせようとする。どこまで簡単にするかというと『五、七、五』でいえてしまうところまで簡単にするのです。」という。そして、「芭蕉は、これが非常にうま」く、「そのときの状況が非常に簡潔化された句を詠」むので、「また同じような情緒がひき起こされる」というのである（以上、岡潔＝森田真生編『数学する人生』（新潮文庫、２０１９年）54頁）。

俳句とは、情緒の再現であるということであろう。

さて、税法なのに、今度は俳句なのかと思われたかもしれない。わたしは個人的には俳句についてはよくわからない。しかし、この数学者の言葉については、よく理解ができる。

それは本文でも書いた実用文にはない文学の要素と同じものである。文学が大量の文章を構成して情緒を伝えるのに対し、俳句はこれを詠む者がとらえた情緒を決められた短い言葉に細分化することで同じ情緒を読み手に再現させる高度な技法である、ということになるのだろう。そこには言葉が少ない分、受け止める側に人間的な成熟と、その詠み手と同じ情緒を理解できる体験や人生経験が必要になると思われる。

そうしてみると、小説（文学）も、わたしが村上春樹の本を例に本文で何度か言及したように、読むたびにそのときの実人生と響き合うという意味で、俳句よりも段階的な情緒を伝えられる手法ということになるのかもしれない。

さて、税法は条文で構成されている。これを具体的な事実に適用したあとである判例は、人間の感情や情緒を排斥した筆致で記載される。いっけんすると情緒を考える必要はなく、合理的で理性的な知覚さえあれば十分に理解できるものに思われるかもしれない。

というよりも、そもそも、そのようなこと（情緒との接点ないし分離）自体考える人はいないのかもしれない。

ここで数学者の岡潔の数学との出会いについてのエピソードを紐解く。岡は中学3年生の2月期に脚気になってしまい、小豆ばかり食べていたという。そんなときに住んでいた家の2階にある物置みたいな書庫に『数理釈義』という翻訳本をみつける。それを読んでしまうのだが、「読んでも読んでももちろんわからないが、そのわからなさのかもし出すあやがひどくおもしろかった」といい、小豆を食べながら最後まで読んでしまったという（岡・前掲書64頁）。

これは、わたしが法学について体験してきたことと類似していて、この文章を読んだときには、なるほどと思った。法学者（研究者）を目指したことはなかったのに、学生時代から古い法律書の分厚い背表紙を本棚にみつけると、それを読破したいという強い欲求が心にわき起こる体験を何度もしてきたからである。

もっというと、大学受験の日本史の教科書を読んでいるときに「税制」の歴史が出てくると、なぜか「将来これに携わることになる」という直観が下りてきたこともあった。その十代のよくわからない啓示のようなものが降りてきた記憶は、いまでも明確に覚えている。

話の展開がわからないなあ、と思われたかもしれない。「税法読書術」といいながら情緒についての言及や小説（文学）についての言及が少し多めになったが、それは無意識のうちに必要と感じたわたしが綴ったものになる。

もっとも、書き終えてから、本としての構成を考え、削った部分もある。しかし、このあと書くように、やはり「税法読書術」を明らかにするためには避けて通れない話題だったと思う。

それは、繰り返しの引用になるが、岡潔が「創造のまえには情がある」と断言していることである。情でわかったものを、人は研究し知としての答えを出す、と岡は言っている。これは数学研究者としての実体験に基づいたものだが、税法研究でも同じではないだろうか。

岡は、この点について「数学に限らず、情的にわかっているものを、知的にいい表そうとすることで、文化はできていく」と表現している（岡・前掲書47頁）。

翻って、税法である。税法は本書でも少し言及したが、しょせんは人間が考えたルールであり、仕組みを文章化したものである。しかし、その文章化されたルールによる仕組みが国家の財源となり、企業や個人の活動に影響を与えることになる。

近年、税法の課題は、租税回避に対する対策であり、デジタル課税の仕組みを考えるべき時代になってきた。これも人間の知恵が「情としてこうすべきだ」と感じたものを、「知的にルール化し、仕組みをつくる」必要が、いま生じていることのあらわれといえるだろう。

そうすると、税法研究も情によってわかっていることを、理論化する作業であることになる。これを具体的な事実に適用して事件を解決する裁判所の営みも「法の発見」といういわば創造的行為のようにみるものだが、裁判官は直観により（情により）「こうすべきだ」という結論がまずあるという。であれば、やはりそれをわかってから条文を解釈するという法技術を知的に駆使するのではないだろうか。

このように考えたときに、少し大げさにも思われるかもしれないが、税法もまた税法以外の情緒との関係のなかで追究されるべきものなのかもしれない。どうだろう?というう問題提起が本書の答え、というかひとつのテーマだったともいえる。

うーん、うまくはまとまりませんでした。

あとがき

2019年2月上旬から5月上旬の3か月を綴り続けてきた。そのうちに、時代は令和になった。本書に登場したカフェは、ゴールデンウィーク明けに閉店されてしまった。日記的に綴ると、過ぎ去る日常を記録できるという思わぬ効用が、個人的にはあった。

日記のように綴ってきたため、執筆時点から情報が更新された事項もあった。本書のゲラチェックの際に、それらについては必要に応じて修正したものと、ライブ感を残すために執筆時の情報のままにしたものとがある。

大蔵財務協会の担当編集者の方とは、これで4冊目の本をつくったことになる。なかなか進まない執筆作業をさまざまなかたちで後押しして下さった。再校ゲラ段階でも、ズバリの大胆な修正のアドバイスも下さった。

同じ作家のファンであるゼミ生の髙野いずみさんが、夏休みに本書の再校ゲラを読んでくれた。おかげで税法を学び、小説好きの学生の声も反映することができたのではないかと思う。お二人に、心より感謝申し上げる。

木《き》山《やま》泰《ひろ》嗣《つぐ》

木山　泰嗣（きやま　ひろつぐ）

青山学院大学法学部教授（同大学大学院法学研究科ビジネス法務専攻主任），鳥飼総合法律事務所客員弁護士（第二東京弁護士会）。『税務訴訟の法律実務』（弘文堂）で，第34回日税研究賞（奨励賞）受賞。

著書に，『小説で読む民事訴訟法』（法学書院），『反論する技術』（ディスカヴァー・トゥエンティワン），『法律に強い税理士になる』（大蔵財務協会），『分かりやすい「所得税法」の授業』（光文社新書），『改訂版 税務調査を法的に視る』（大蔵財務協会），『教養としての「税法」入門』（日本実業出版社），『もしも世界に法律がなかったら』（同），『分かりやすい「法人税法」の教科書』（光文社）などがある。単著の合計は，本書で55冊。

モットーは「むずかしいことを，わかりやすく」，そして「あきらめないこと」。

Twitter:@kiyamahirotsugu

大蔵財務協会は、財務・税務行政の改良、発達およびこれらに関する知識の啓蒙普及を目的とする公益法人として、昭和十一年に発足しました。爾来、ひろく読者の皆様からのご支持をいただいて、出版事業の充実に努めてきたところであります。

今日、国の財政や税務行政は、私たちの日々のくらしと密接に関連しており、そのため多種多様な施策の情報をできる限り速く、広く、正確にかつ分かり易く国民の皆様にお伝えすることの必要性、重要性はますます大きくなっております。

このような状況のもとで、当協会は現在、「税のしるべ」（週刊）、「国税速報」（週刊）の定期刊行物をはじめ、各種書籍の刊行を通じて、財政や税務行政についての情報の伝達と知識の普及に努めております。また、日本の将来を担う児童・生徒を対象とした租税教育活動にも、力を注いでいるところであります。

今後とも、国民・納税者の方々のニーズを的確に把握し、より質の高い情報を提供するとともに、各種の活動を通じてその使命を果たしてまいりたいと考えておりますので、ご叱正・ご指導を賜りますよう、宜しくお願い申し上げます。

一般財団法人　大蔵財務協会
理事長　木　村　幸　俊

税法読書術

令和元年９月20日　初版印刷
令和元年10月１日　初版発行

著　者　木　山　泰　嗣

（一財）大蔵財務協会　理事長
発行者　木　村　幸　俊

発行所　一般財団法人　大　蔵　財　務　協　会
〔郵便番号　130-8585〕
東京都墨田区東駒形1丁目14番1号
（販　売　部）TEL03(3829)4141・FAX03(3829)4001
（出版編集部）TEL03(3829)4142・FAX03(3829)4005
http://www.zaikyo.or.jp

乱丁・落丁の場合は、お取替えいたします。　印刷　恵友社
ISBN978-4-7547-2707-9